The MAGIC™

the MAGIC™

Rhonda Byrne

살림Biz

THE MAGIC by Rhonda Byrne

Copyright © 2012 by Making Good LLC. THE SECRET and The Secret logo are registered trademarks of TS Production Limited Liability Company, acting through its registered branch, TS Ltd., Luxembourg Branch.

www.thesecret.tv

All rights reserved. No part of this book may be reproduced, copied, stored, or transmitted in any form or by any means – graphic, electronic, or mechanical, including photocopying, recording, or information storage and retrieval systems – without the prior written permission of Atria Books, except where permitted by law.

The information contained in this book is intended to be educational and not for diagnosis, prescription, or treatment of any health disorders or as a substitute for financial planning. This information should not replace consultation with a competent healthcare or financial professional. The content of this book is intended to be used as an adjunct to a rational and responsible program prescribed by a healthcare practitioner or financial professional. The author and publisher are in no way liable for any misuse of the material.

Artwork concept and art direction by Nic George for Making Good LLC.
Book layout and design by Gozer Media P/L (Australia), www.gozer.com.au, directed by Making Good LLC.
Interior photography by Raphael Kilpatrick, directed by Making Good LLC.

Korean translation copyright © 2012 by Sallim Publishing Co., Ltd.
This edition published by arrangement with Atria Books,
a Division of Simon & Schuster, Inc. New York through EYA Seoul.

이 책의 한국어판 저작권은 EYA를 통한 Atria Books사와의 독점계약으로
한국어 판권을 (주)살림출판사가 소유합니다.
저작권법에 의하여 한국 내에서 보호를 받는 저작물이므로 무단 전재와 복제를 금합니다.

"이를 이용하여 온 세상의 영광을 얻으리라."

에메랄드 서판(기원전 5000-3000년경)

당신에게 바칩니다.

마법이 당신에게 새로운 세상을 열어주고
당신의 인생 가득 기쁨을 채워주기를.

이것이 바로 내가 당신을 위해,
이 세상을 위해 하고자 하는 일입니다.

감사의 글

책을 쓰려고 처음 책상에 앉았을 때 기쁨으로 설레긴 했지만 작업은 외로웠다. 오로지 우주와 나만 있었다. 그러나 점차 사람들이 모이면서 규모가 커졌고, 그들이 가진 전문적인 능력을 보태주어 마침내 여러분 손에 새 책을 내놓게 됐다. 여러분이 '*마법*'을 만날 수 있도록 해준 창작 집단에는 다음과 같은 사람들이 참여했다. 아울러 이 집단은 사람들이 계속 모여 점점 더 커지고 있다.

감사합니다, 감사합니다, 감사합니다. 끝까지 지치지 않고 나와 함께 편집 작업을 해준 딸 스카이에게, 그리고 과학의 발견과 종교의 말을 연관 지을 수 있도록 과학 지식과 연구 기술로 내게 도움을 준 조시 골드에게 감사의 마음을 전한다. 솔직한 접근방식을 유지하고 끝까지 치밀한 질문 공세로 파고든 비욘드 워즈 출판사의 편집자 신디 블랙에게 감사드린다. 그녀 덕분에 더 나은 글을 쓸 수 있었다. 마법이 담긴 독창적인 표지 그림과 삽화 그래픽 작업을 해준 닉 조지에게도 감사를 표한다.

삽화와 책 구성의 최종 작업을 맡아준, 고저 미디어의 샤무스 호어와 칼라 손튼에게 감사의 뜻을 전한다. 새로운 책이 세상에 나오도록 도와주고 나의 든든한 중심이 되어준 시크릿 팀에 감사드린다. 특히 출판 팀 전체를 이끌어준 동생 잰 차일드, 거대한 창작 팀을 이끌어준 안드레아 케이르, 사진작가 라파엘 킬패트릭과 함께 협력해 일한 폴 해링턴, 내 동생 글렌다 벨, 그 밖에 이 책에 실린 마법의 그림을 그려준 나머지 팀원에게도 감사의 뜻을 전한다. 아울러 보이지 않는 곳에서 매우 소중한 일을 해준 돈 지크, 마크 오코너, 마이크 가디너, 로리 샤라포브, 코리 조한싱, 카이 리, 피터 번, 딸 헤일리 등 다른 시크릿 팀원에게도 감사의 마음을 전한다.

감사합니다, 감사합니다, 감사합니다. 책을 출판해준 애트리아 북스와 사이먼 앤드 슈스터, 그리고 캐롤린 리디, 주디스 커, 달린 드릴로, 트위슨 팬, 제임스 퍼빈, 킴벌리 골드스타인, 이졸더 소어에게 감사의 뜻을 표한다. 이런 놀라운 팀원을 곁에 둔 나는 축복받은 사람이다.

감사합니다, 감사합니다, 감사합니다. 영적 지도와 사랑과 지혜를 베풀어준 앤젤 마틴, 작업을 마칠 수 있도록 끊임없는 지지와 열정을 보여준 내 동생 폴린 버넌, 친구들과 가족에게도 감사한다. 아울러 수세기 전, 삶의 진리를 발견하고 이를 글로 남겨 우리가 아주 적절한 때 발견하도록 해준 저 위대한 사람들에게 정말 깊은 감사를 드린다. 이런 발견의 순간은 우리에게 볼 수 있는 눈이 있고, 들을 수 있는 귀가 있다면 우리의 삶이 완전히 바뀌도록 만든다. 이는 뭐라 말로 표현할 수 없는 순간이다.

차례

마법을 믿나요?　　　　　　　　　　　　　　　　15

커다란 의문이 밝혀지다　　　　　　　　　　　　19

당신의 삶에 마법을 일으켜라　　　　　　　　　　29

마법의 책　　　　　　　　　　　　　　　　　　35

제1일　당신이 누리는 축복을 세어본다　　　　　　43

제2일　마법의 돌　　　　　　　　　　　　　　　51

제3일　마법의 인간관계　　　　　　　　　　　　57

제4일　마법의 건강　　　　　　　　　　　　　　65

제5일　마법의 돈　　　　　　　　　　　　　　　75

제6일　마법의 일　　　　　　　　　　　　　　　83

제7일　부정적인 상황에서 빠져 나오는 마법의 출구　89

제8일　마법의 자양분　　　　　　　　　　　　　101

제9일　돈 자석　　　　　　　　　　　　　　　　109

제10일　모든 이에게 마법의 가루를 뿌려라　　　　117

제11일　마법의 아침　　　　　　　　　　　　　　127

제12일　변화를 가져온 마법의 사람들　　　　　　133

제13일 모든 소망을 실현하라 139

제14일 마법 같은 하루를 보내라 149

제15일 마법처럼 치유되는 인간관계 157

제16일 마법과 기적이 일어나는 건강 165

제17일 마법의 수표 173

제18일 마법의 일 처리 목록 183

제19일 마법의 발걸음 191

제20일 심장의 마법 197

제21일 멋진 결과 203

제22일 바로 당신 눈앞에서 211

제23일 당신이 숨 쉬는 마법의 공기 217

제24일 마법의 지팡이 223

제25일 마법의 큐 신호를 보내라 231

제26일 마법처럼 실수를 축복으로 바꿔라 237

제27일 마법의 거울 245

제28일 마법을 상기하라 251

마법 같은 미래가 당신 앞에 펼쳐진다 257

마법에는 끝이 없다 265

마법을 믿나요?

"마법을 믿지 않는 사람은 결코 마법을 발견하지 못한다."

로알드 달(1916-1990년)
작가

삶을 놀라움과 경외의 눈으로 바라보던 어린 시절을 떠올려보라. 삶은 마법 같았고 신났으며 작은 일에도 흥분해서 온몸이 떨렸다. 풀밭에 내린 서리를 보고 넋이 나간 듯 매혹됐고, 날개를 펄럭거리며 날아가는 나비도, 땅 위를 뒹구는 낯선 모양의 잎사귀도 당신의 마음을 사로잡았다.

이가 빠지면 그날 밤에 이빨 요정이 당신을 찾아올 것이라며 가슴 벅찬 흥분을 느꼈을 것이다. 마법의 크리스마스 밤이 다가오면 며칠 남았는지 손꼽아 세고는 했다! 산타클로스가 어떻게 하룻밤 안에 전 세계 아이들을 찾아갈 수 있는지는 몰랐지만 산타클로스는 실망시키지 않고 당신을 찾아왔다.

순록이 날아다니고, 정원에는 요정이 살며, 애완동물이 사람처럼 말하고 행동하며, 장난감은 살아 있고, 하늘의 별도 만질 수 있었다. 당신의 마음속에 기쁨이 가득했고, 상상력은 끝이 없었고, 삶은 마법과 같다고 믿었다!

어린 시절 우리는 많은 강렬한 감정을 갖고 있었고, 모든 것이 다 좋았다. 날마다 더 많은 흥분과 모험이 기다리고 있었으며, 그 어떤 것도 마법을 기다리는 기쁨을 방해하지 못했다. 하지만 어른이 되어 갖가지 책임과 문제점들, 난관이 우리를 짓누르면서 환멸을 느끼게 됐고, 어린 시절에 믿었던 마법은 희미해지다 사라져버렸다. 이 때문에 어른이 된 우리는 아이들과 함께 어울리는 것을 좋아한다. 아이들과 어울리면 우리가 한때 지녔던 그런 느낌을 비록 한순간이나마 다시 느껴볼 수 있기 때문이다.

나는 이 책에서 당신이 한때 믿었던 마법이야말로 진실이며, 환멸 섞인 눈으로 삶을 바라보는 어른의 시각이 거짓이라고 말해줄 것이다. 삶의 마법은 *실제로 존재*한다. 당신이 실제로 존재하는 것처럼 마법도 실제로 존재한다. 사실 삶이란 당신이 어린 시절 생각했던 것보다 훨씬 경이로우며, 지금까지 보아온 그 어느 것보다 숨 막힐 듯 놀랍고, 경외심과 흥분을 불러일으킨다. 마법을 일으키는 방법을 알게 된다면 당신이 꿈꾸던 삶을 살 수 있을 것이다. 그리고 그때에 이르면 삶에 있는 마법을 믿지 않고 포기하는 것이 오히려 신기할 것이다!

순록이 날아다니는 것은 볼 수 없을지도 모른다. 하지만 늘 눈 앞에 나타나기를 바라던 것이 마침내 *나타나고*, 오랫동안 꿈꿔왔던 일이 어느 날 갑자기 이루어질 것이다. 모든 일이 어떻게 서로 연결되어 당신의 꿈을 실현시키는지 그 과정은 결코 알 수 없다.

마법은 눈에 보이지 않는 영역에서 움직이기 때문이다. 그리고 그 부분이야말로 가장 가슴이 벅차오르는 지점이다.

이제 다시 마법을 경험할 준비가 됐는가? 어린 시절 그랬듯이 날마다 가슴에 경외심과 놀라움을 가득 채울 준비가 됐는가? 이제 마법을 시작할 준비를 하자!

삶을 바꿀 수 있는 지혜를 신성한 글 속에 숨겨두었던 2000년 전, 이미 우리의 모험은 시작됐다…….

커다란 의문이 밝혀지다

다음 글은 「마태복음」에 실린 구절이다. 오랫동안 많은 사람이 이 구절을 보면서 어리둥절해하고 혼란스러워했으며, 내용을 잘못 이해했다.

*"무릇 있는 자는 받아 넉넉하게 되되,
없는 자는 그 있는 것도 빼앗기리라."*

이 구절은 마치 부자는 더 부유해지고 가난한 자는 더 가난해진다는 것 같아서 부당하게 들린다. 하지만 이 구절에는 풀어야 할 수수께끼와 밝혀야 할 의문점이 들어 있다. 이를 깨달으면 새로운 세계가 당신 앞에 열린다.

오랫동안 많은 사람이 이해할 수 없었던 이 의문에 대한 답은 그 안에 감춰진 한 단어에 있다. 바로 **감사**라는 단어다.

*"무릇 **감사하는 마음**이 있는 자는 받아 넉넉하게 되되,
감사하는 마음이 없는 자는 그 있는 것도 빼앗기리라."*

뜻이 아리송했던 구절은 숨겨진 단어가 드러나면서 뜻이 명확해진다. 이 구절이 기록된 지 2000년이 흘렀지만 과거에도 그랬듯이 지금도 여전히 이것은 사실이다. 시간을 내어 감사하지 않으면 넉넉하게 받지 못할 것이고, 있는 것도 빼앗길 것이다. 감사하는 마음을 통해 이뤄지는 마법의 약속이 이 구절 속에 있다. *감사하는 마음이 있으면 더 많이 받을 것이고 넉넉해질 것이다.*

감사하는 마음을 가질 때 얻을 수 있는 약속은 코란에도 똑같이 강조돼 있다.

"그리고 신이 다음과 같이 선언했던 것을 떠올려라. '감사하는 마음이 있으면 내가 너에게 더 많이 줄 것이지만, 감사하는 마음이 없으면 진실로 가혹한 벌을 내릴 것이다.'"

종교가 있든 없든, 어느 종교를 믿든 간에 성경과 코란의 구절은 당신과 당신 삶에 그대로 적용된다. 이 구절은 과학과 우주의 근본 법칙을 설명한 것이기 때문이다.

이것은 보편적 법칙이다

감사하는 마음은 당신의 모든 삶을 지배하는 보편적 법칙에도 작용한다. 원자 구성에서부터 행성 운동에 이르기까지 우주의 모든 에너지를 지배하는 끌어당김의 법칙에서는 "같은 것끼리 끌어당긴다."라고 말한다. 끌어당김의 법칙 때문에 모든 물질 대상의 실체와 모든 생명체의 세포가 단단하게 결합되어 있다. 삶에서는 끌어당김의 법칙이 생각과 느낌을 통해 작용한다. 생각과 느낌도 에너지기 때문이다. 따라서 당신이 무슨 생각을 하든, 어떤 기분을 느끼든 그 생각과 느낌이 그대로 당신에게 다가온다.

'내 직업이 싫어.' '돈이 많지 않아.' '완벽한 파트너를 찾을 수가 없어.' '청구서를 받았는데 지불할 돈이 없어.' '뭔가 잘못된 일에 빠진 것 같아.' '그 사람은 날 제대로 평가하지 않아.' '부모님과 사이가 좋지 않아.' '아이가 문젯거리야.' '내 삶이 엉망이야.' '결혼생활에 문제가 있어.' 이런 생각을 하면 그런 일들이 더욱 당신에게로 다가온다.

하지만 '내 직업이 마음에 들어.' '우리 가족은 서로에게 많은 힘이 돼.' '정말 멋진 휴가를 보냈어.' '오늘은 기분이 정말 좋아.' '어느 때보다 세금을 많이 환급받았어.' '아들과 멋진 주말 캠핑을 다녀왔어.' 등과 같이 고마운 일을 생각하면서 가슴 깊이 감사하면 그런 일들이 더 많이 당신 삶으로 다가오게 된다고 끌어당김의 법칙에서는 말한다. 이는 마치 자석이 금속을 끌어당기는 것과 같다. 감사하는 마음이 자석이 되어, 더 많이 감사할수록 더 많이 끌어당기게 된다. 이는 보편적인 법칙이다!

"무엇을 하든 그대로 돌려받는다." "뿌린 대로 거둔다." "베푼 만큼 돌려받는다." 등과 같은 말을 들은 적이 있을 것이다. 이런 말들은 모두 똑같은 법칙을 표현하고 있으며, 여기에는 위대한 과학자 아이작 뉴턴 경이 발견한 우주의 원리도 포함되어 있다.

뉴턴의 과학적 발견에는 우주의 근본적인 운동 법칙이 들어 있으며 이 법칙에서는 다음과 같이 말한다.

모든 작용에는 크기가 같고 방향이 반대인 반작용이 항상 존재한다.

감사의 개념을 뉴턴의 법칙에 적용하면 이렇게 된다. *감사하는 모든 작용에는 언제나 돌려받는 반작용이 따른다. 또한 언제나 감사를 한 것과 똑같은 크기로 돌려받는다.* 이는 곧 감사하는 마음의 작용이 돌려받는 반작용을 일으킨다는 의미다! 또한 더욱 진심으로, 더욱 마음 깊이 감사할수록(다시 말해서 *더 큰 감사를 하면 할수록*) *더 많이* 돌려받을 것이다.

감사하는 마음은 황금빛 실이다

수천 년 전, 인류 최초의 기록을 거슬러 올라가보면 감사하는 마음이 가진 힘을 설교하고 이를 실천하는 내용이 나온다. 이 내용은 그 후 오랜 세월을 거쳐 여러 대륙으로 퍼지고, 문화와 문명 속에 스며들어 다음 세대의 문명과 문화로 이어졌다. 그리스도교, 이슬람교, 유대교, 불교, 시크교, 힌두교 등 주요 종교의 중심에는 모두 감사하는 마음에 대한 내용이 들어 있다.

무함마드는 당신이 받은 많은 것에 감사하는 마음이야말로 이 많은 것을 지속시키는 최고의 보험이라고 했다.

붓다는 우리가 가진 대의명분이 오로지 감사하고 기뻐하는 일밖에 없다고 말했다.

노자는 현재 있는 것에서 기쁨을 누리면 세상 전부가 당신 것이 될 것이라고 말했다.

크리슈나는 무엇이 주어지든 기뻐하는 마음으로 받아야 한다고 말했다.

다윗 왕은 하늘과 땅 사이에 있는 모든 것이 주어진 것에 대해 세상 모두가 감사해야 한다고 말했다.

그리고 예수는 기적을 행할 때마다 *감사합니다*라고 말했다.

호주 원주민에서부터 아프리카 마사이 족과 줄루 족에 이르기까지, 아메리카 인디언인 나바호 족과 쇼니 족, 체로키 족에서부터 타히티 섬 사람과 이누이트 족, 마오리 족에 이르기까지 이들 모두가 가진 각각의 전통 가장 깊은 곳에는 감사하는 마음의 실천이 있다.

"아침에 일어날 때 아침햇살과 당신의 삶과 생명력에 감사하라. 당신이 먹는 음식과 살아가고 있는 기쁨에 감사하라. 감사할 이유가 보이지 않는다면 그것은 당신 자신에게 잘못이 있는 것이다."

티컴세(1768-1813년)
아메리카 인디언 쇼니 족 추장

역사 속에는 감사하는 마음을 실천했고, 뛰어난 업적을 이룩해 위대한 인물의 반열에 오른 유명인이 많다. 간디, 마더 테레사, 마틴 루터 킹 주니어, 달라이 라마, 레오나르도 다빈치, 플라톤, 셰익스피어, 이솝, 블레이크, 디킨스, 프루스트, 데카르트, 링컨, 융, 뉴턴, 아인슈타인, 그 밖에도 아주 많은 사람이 있다.

알베르트 아인슈타인은 과학적 발견을 통해 우주를 바라보는 방식을 바꿔놓았지만, 그의 기념비적 업적에 대한 질문에는 다른 사람에 대해 감사하는 대답만 했을 뿐이다. 시대를 통틀어 가장 뛰어난 두뇌를 가진 사람이 하루에 100번 이상씩 다른 사람이 해놓은 작업에 대해 감사했다!

아인슈타인이 삶의 신비로움에 대해 많은 부분을 밝혀낸 것이 놀랍지 않은가? 그가 역사상 위대한 과학적 발견을 한 것이 놀랍지 않은가? 그는 날마다 감사했고 그 보답으로 많은 것을 돌려받은 것이다.

아이작 뉴턴은 어떻게 그런 과학적 발견을 해냈냐는 질문에 거인의 업적을 딛고 선 덕분이라고 답했다. 현대 인류와 과학에 가장 큰 공헌을 한 아이작 뉴턴이 자기보다 앞서서 살았던 모든 사람에게 *감사*한 것이다.

감사하는 마음을 실천했던 과학자, 철학자, 발명가, 발견자, 예언가들은 그에 따른 결과물을 거뒀으며, 그들 대부분은 감사하는 마음이 지닌 힘을 깨닫고 있었다. 하지만 오늘날에도 여전히 많은 사람들이 감사하는 마음이 어떤 힘을 지니는지 알지 못한다. 감사하는 마음이 삶에 어떤 마법을 불러오는지 경험하기 위해서는 우선 감사하는 마음을 실천해야 하기 때문이다!

나의 발견

내 삶은 감사할 줄 모르는 사람의 삶이 어떤 모습이었는지, 그리고 감사하는 마음을 삶의 일부로 삼게 되자 어떤 변화가 일어났는지를 보여주는 완벽한 예다.

6년 전 누군가 내게 당신은 감사하는 법을 아는 사람이냐고 물었다면 "네, 그럼요. 나는 감사할 줄 아는 사람이에요. 선물을 받거나, 누군가 날 위해 문을 열어주거나, 내게 뭔가를 해주는 사람이 있으면 고맙다고 말하는 걸요."라고 답했을 것이다.

하지만 사실 나는 전혀 감사하는 사람이 아니었다. 감사한다는 것이 *정말로* 무슨 의미인지 알지 못했다. 가끔 *감사하다*는 말을 했다고 해서 감사하는 사람이 되는 것은 아니었다.

감사하는 마음이 없는 삶은 무척 힘겨웠다. 나는 빚을 지고 있었고 빚은 매달 조금씩 늘어가기만 했다. 열심히 일했지만 경제 상태는 조금도 나아지지 않았다. 늘어나는 빚과 갖가지 의무를 간신히 해결하려 애쓰는 동안, 삶의 밑바닥에는 끊임없이 스트레스가 깔려 있었다. 인간관계는 그럭저럭 괜찮은 수준과 최악의 상황을 시계추처럼 왔다 갔다 했다. 아마도 한 사람 한 사람과 충분한 시간을 갖지 않았기 때문일 것이다.

"건강하다"고 할 만한 상태였는데도 하루가 끝날 때면 온몸이 파김치가 되는 기분이었고, 계절마다 어김없이 감기에 걸렸으며, 틈만 나면 전에 아팠던 곳이 다시 도지고는 했다. 친구들과 놀러 다니거나 휴가를 가는 등 행복한 순간도 있었지만 그렇게 즐거운 시간을 보내고 나면 이를 보상하기 위해 더 열심히 일해야 하는 현실이 나를 덮치곤 했다.

　나는 삶을 사는 게 아니었다. 그저 생존하고 있었다. 하루가 지나면 또 하루 간신히 생존했고, 월급봉투를 받고 나면 그 다음 월급날까지 생존하기 위해 살았다. 삶의 문제 한 가지를 해결하고 뒤돌아서면 더 많은 문제가 몰려오곤 했다.

　하지만 그때 내 삶의 모든 것을 변화시키는 일이 일어났고, 이 변화는 그 후로도 지속됐다. 나는 삶의 비밀을 발견했고, 그러한 발견이 가져온 변화는 날마다 감사하는 마음을 실천하는 것이었다. 이후 내 삶의 모든 것이 바뀌었고, 감사하는 마음을 더 많이 실천할수록 점점 더 기적 같은 일이 일어났다. 내 삶에 정말로 마법이 일어난 것 같았다.

　내 삶에서 처음으로 빚이 없어졌다. 또한 그 이후로는 뭐든 하고 싶은 일이 있으면 거기에 필요한 돈이 내 수중에 있었다. 인간관계, 일, 건강 문제가 모두 사라졌다. 날마다 장애에 부딪히는 대신 계속 좋은 일이 나의 하루를 가득 채워갔다. 극적으로 튼튼해지고 에너지가 넘쳐서 20대 시절보다도 건강이 더 좋아졌다. 더욱 의미 깊은 인간관계를 갖게 됐고, 불과 몇 달밖에 안 되는 동안, 지금까지를 다 합친 것보다도 훨씬 더 많은 시간을 가족이나 친구들과 함께할 수 있었다.

　무엇보다도 예전의 나라면 상상도 못했을 만큼 행복했고, 이제껏 살면서 맛보지 못한 최고의 행복을 느꼈다. 감사하는 마음은 나를 변화시켰고 내 삶 전체가 마법에 걸린 듯 바뀌었다.

당신의 삶에
마법을 일으켜라

당신이 누구든, 어디에 있든, 현재 어떤 상황이든, 감사하는 마음이 지닌 마법은 당신 삶 전체를 변화시킬 것이다!

수천 명의 사람들이 내게 편지를 보내왔다. 상상할 수 있는 한 최악의 상황에 있다가 감사하는 마음을 실천해서 삶이 완전히 바뀐 사람들이었다. 그들은 희망이 없던 건강 상태에 기적이 일어나는 것을 보거나 결혼생활의 행복을 되찾기도 했고, 깨진 관계가 아주 아름다운 관계로 변화되기도 했다. 극심한 가난에서 부유해지기도 하고, 우울한 삶에 빠져 있다가 갑자기 성취감이 가득한 기쁜 삶을 살게 되기도 했다.

감사하는 마음은 현재 당신의 인간관계가 어떤 상태든 마법처럼 이 관계를 의미 있고 기쁨으로 가득한 관계로 변화시킬 수 있다. 감사하는 마음은 당신이 원하는 일을 하는 데 필요한 돈이 기적처럼 생기게 해준다. 감사하는 마음은 건강을 좋게 하고 예전에는 느껴보지 못한 행복을 준다. 감사하는 마음은 마법을 발휘해 경력을 키워주고, 더 큰 성공을 가져오며, 당신이 꿈꾸던 직업이나 원하는 일을 하게 해준다. 당신이 되고 싶고, 하고 싶고, 갖고 싶은 것이 무엇이든 이를 얻을 수 있는 길은 감사하는 마음에 있다. 감사하는 마음이 지닌 마법 같은 힘은 삶을 황금으로 변화시킨다!

감사하는 마음을 실천하는 동안 당신은 왜 삶의 이런저런 일이 잘못됐는지, 왜 삶에서 몇 가지 일을 놓치게 됐는지 알 수 있게 된다. 감사하는 마음이 삶의 방식이 되면 매일 아침 살아 있다는 사실에 설레는 마음으로 눈을 뜬다. 당신이 삶을 온전히 사랑한다는 것을 알게 될 것이고 모든 것이 별로 힘들게 여겨지지 않을 것이다. 삶이 깃털처럼 가볍고 그 어느 때보다 행복한 기분을 느낄 수 있다. 시련이 닥치더라도 어떻게 그것을 이겨나갈지 알게 되고, 시련을 통해 배움을 얻을 수 있을 것이다. 하루하루가 마법 같을 것이다. 어릴 때 느꼈던 것보다 훨씬 많은 마법이 매일 일어날 것이다.

마법 같은 삶을 살고 있는가?

돈, 건강, 행복, 경력, 가정, 인간관계 등 삶의 주된 영역을 한번 돌아보기만 해도, 삶 속에서 감사하는 마음을 실제로 얼마만큼 활용했는지 바로 알 수 있다. 삶의 영역에서 풍요롭고 멋지게 살고 있는 부분은, 당신이 감사하는 마음을 활용해서 마법을 경험하고 있는 것이다. 빈약하고 멋지지 않은 영역이 있다면 감사하는 마음이 부족한 탓이다.

이는 단순한 사실이다. 감사하지 않으면 그에 대한 보답으로 더 많은 것을 받을 수 없다. 마법이 더 이상 지속되지 못하고 끝나

버리는 것이다. 감사하지 않으면 더 나은 건강, 더 좋은 인간관계, 더 많은 기쁨, 더 많은 돈, 직장이나 사업에서 더 많은 성과가 계속 이어지는 흐름이 끊겨버린다. *받기 위해서는 주어야* 한다. 그것이 법칙이다. 감사는 고마운 마음을 주는 것이다. 감사하는 마음이 없다면 마법이 끊어지고, 삶에서 원하는 것을 받을 수 있는 길과도 단절된다.

감사하지 않는 태도 중에서 핵심은 우리가 감사하지 않으면서 *받아* 가고 있다는 점이다. 즉 삶에서 누리는 것을 고마워할 줄 모르고 당연히 여기면서 받고 있는 것이다. 우리가 당연히 여기면서 무엇인가를 받아간다면 이는 본의 아니게 우리 스스로에게서 받아가는 것이나 마찬가지다. 끌어당김의 법칙에서는 같은 것을 끌어당기므로, 우리가 뭔가를 당연히 여기면서 받아간다면 그 결과 누군가가 우리 것을 당연하게 가져갈 것이다. 잊지 말자. "**감사하는 마음**이 없는 자는 그 있는 것도 **빼앗기리라**."

분명 당신은 살아가면서 여러 번 감사한 마음을 가졌을 것이다. 하지만 마법을 알고 현재 상황에 근본적인 변화를 일으키기 위해서는 감사하는 마음을 실천하고 이를 새로운 삶의 방식으로 삼아야 한다.

마법 공식

> "지식은 귀한 보물이다. 하지만 이 보물을 얻기 위한 열쇠는 실천에 있다."
>
> 이븐 할둔 알 무카디마 (1332-1406년)
> 학자이자 정치인

고대 신화와 전설을 보면 마법을 일으키기 위해서 '주문'을 먼저 말해야 한다. 감사하는 마음으로 마법을 일으키는 것 역시 마찬가지로 *감사합니다*라는 주문을 먼저 말해야 한다. *감사합니다*라는 말이 당신 삶에서 얼마나 중요한지는 이루 말로 다 표현할 수 없다. 감사하는 마음으로 살면서 삶에서 마법을 경험하기 위해서는 *감사합니다*라는 말 한마디를 의식적으로 하면서 다른 말보다 훨씬 가슴 깊이 느껴야 한다. 이 말 자체가 곧 당신의 정체성이 되어야 한다. *감사합니다*라는 말은 지금 있는 곳에서 당신이 꿈꾸는 삶으로 건너가는 다리다.

마법 공식

1. *감사합니다*라는 주문을 의식적으로 떠올리고 말하라.

2. *감사합니다*라는 주문을 의식적으로 더 많이 떠올리고 자주 말할수록 사람은 더욱 가슴 깊이 고마움을 느낀다.

3. 의식적으로 더 많이 감사하게 생각하고 느낄수록 더 많이 받는다.

감사는 마음으로 느끼는 것이다. 그러므로 감사하는 마음을 실천하는 궁극적 목적은 의식적으로 고마움을 가슴 깊이 최대한 느끼는 데 있다. 가슴 깊이 느낌으로써 생기는 힘이야말로 삶에 마법을 불러일으키는 것이기 때문이다. 뉴턴의 법칙은 일대일로 상응한다. 준 만큼 똑같이 돌려받는다. 요컨대 감사하다는 느낌이 강해질수록 나타나는 결과도 점점 커져서 그 느낌과 똑같은 정도가 되는 것이다! 가슴 깊이 느낄수록 감사하는 마음이 깊어져서 삶은 더욱 빨리 바뀔 것이다.

감사하는 마음을 실천하는 데는 별다른 연습도 필요 없고 일상 속에서 감사하는 마음을 생활 방식으로 삼는 것이 아주 쉽다는 사실을 깨달을 때, 그리고 그로 인한 마법 같은 결과를 당신 스스로 확인할 때, 두 번 다시 과거의 삶으로 돌아가고 싶지 않을 것이다.

감사하는 마음을 조금 실천하면 삶은 조금 바뀔 것이다. 감사하는 마음을 날마다 열심히 실천하면 삶은 당신이 상상할 수 없을 만큼 극적으로 바뀔 것이다.

마법의 책

"가장 진정한 감사는 말로 하는 것이 아니라 그 말대로 살아가는 것이라는 점을 결코 잊어서는 안 된다."

존 F. 케네디(1917-1963년)
미국 35대 대통령

이 책에는 28가지 마법의 실천 방법이 들어 있다. 이는 감사하는 마음이 지닌 마법의 힘을 활용하여 건강, 돈, 일, 인간관계를 근본적으로 변화시키고, 아무리 작은 소망이나 아무리 큰 꿈이라도 실현시키도록 특별히 고안된 실천 방법이다. 또한 이 실천 방법을 통해 문젯거리를 없앨 수 있고, 어떤 부정적 상황이라도 변화시킬 수 있다.

당신은 이 책을 읽는 동안 삶을 바꾸는 지식에 강하게 빠져들 것이다. 하지만 깨달은 지식을 실천하지 않으면 이 지식은 손가락 사이로 다 빠져 나가고, 삶을 쉽게 변화시키도록 잡은 기회도 사라져버린다. 이렇게 되지 않으려면 28일 동안 감사하는 마음을 실천하여 당신의 세포와 무의식에 이 마음을 새기도록 해야 한다. 그렇게 됐을 때 비로소 당신의 삶이 달라질 것이다. 영원히.

실천은 연속 28일에 걸쳐 모두 마치도록 되어 있다. 이렇게 하면 감사하는 마음이 습관처럼 몸에 배고 새로운 생활방식으로 자리 잡는다. 일정 기간 동안 집중적으로 계속 노력하면서 감사하는 마음을 실천한다면 당신 삶에 마법이 일어나는 것을 보게 될 것이다. 그것도 아주 빨리!

각 마법을 실천할 때마다 많은 비밀의 가르침은 당신의 지식을 어마어마하게 늘려줄 것이다. 실천해나감에 따라 삶이 어떻게 움직이는지, 당신이 꿈꾸던 삶을 얼마나 쉽게 누릴 수 있는지 등 더 많은 사실을 이해할 수 있을 것이다.

전반부의 12가지 실천에서는 당신이 지금 누리는 것, 그리고 과거에 받은 것에 대해 감사하는 마음이 지닌 마법의 힘을 활용하는 법을 알려준다. 지금 누리는 것과 과거에 받은 것에 대해 감사하지 않는다면 마법은 작동하지 않고, 당신은 많은 것을 받을 수 없다. 전반부의 이 12가지 실천은 감사하는 마음이 지닌 마법의 힘이 즉시 작동하도록 시동을 걸어준다.

뒤이어 나오는 10가지 실천에서는 소망, 꿈 등 당신이 원하는 모든 것에 대해 감사하는 마음이 지닌 마법의 힘을 활용하는 법을 알려준다. 이 10가지 실천을 통해 꿈을 실현시킬 수 있으며, 삶의 상황이 마법처럼 바뀌는 것을 볼 수 있다!

마지막에 나오는 6가지 실천은 당신을 새로운 차원으로 끌어올리고, 당신의 몸과 마음, 세포 하나하나마다 감사하는 마음을 가득 채울 것이다. 당신은 감사하는 마음이 지닌 마법의 힘을 활용하여 다른 사람을 돕고, 문젯거리를 없애며, 살아가면서 부딪힐 갖가지 부정적 상황이나 환경 역시 개선해나갈 수 있다.

 실천법은 평일이든, 주말이든, 휴일이든, 휴가철이든 관계없이 일상생활에 꼭 맞도록 짜여 있기 때문에 달력에 적힌 일정을 따로 지울 필요가 없다. 감사하는 마음은 어디든 갖고 다닐 수 있다. *당신이* 어디를 가든 그 마음도 따라가기에, 마법은 *당신이* 있는 바로 그곳에서 일어난다!

 중간에 하루를 실천하지 않으면 그때까지 쌓인 가속도가 떨어질 수도 있다. 혹시 하루를 빠뜨린 경우, 마법의 효과가 떨어지지 않게 하려면 사흘 전으로 돌아가 거기서부터 다시 시작하라.

 아침에 해야 하는 실천이 있는가 하면 하루 종일 해야 하는 실천도 있다. 그러므로 아침에 일어나면 가장 먼저 그날의 실천 내용을 읽어야 한다. 눈뜨면서부터 시작되기 때문에 전날 밤에 실천 내용을 읽어두어야 할 경우에는 미리 말해줄 것이다. 마음의 준비를 하기 위해 전날 잠들기 전에 그 다음날 실천할 내용을 읽고 싶을 때도 있을 것이다. 그렇다면 다음날 아침에 반드시 실천 내용을 다시 읽도록 하라.

 28가지 마법의 실천을 연속해서 하고 싶지 않다면 다른 방식으로 활용할 수도 있다. 당신 삶에서 바꾸고 싶거나 개선하고 싶은 중요한 주제와 연관된 마법의 실천을 한 가지 선택해서 이를 사흘 연속으로 행하거나 일주일 동안 행할 수도 있다. 아니면 일주일에 마법의 실천을 한 가지 또는 두 가지씩 행할 수도 있다. 차이점은 삶의 변화를 확인하는 시간이 좀 더 오래 걸린다는 것뿐이다.

28일이 지난 뒤

28가지 마법의 실천을 마치고 난 다음, 돈이나 건강 등 구체적으로 필요한 것이 있을 때, 또는 꿈꾸던 직업을 얻고 싶거나 일에서 더 많이 성공을 거두고 싶거나 인간관계를 개선하고 싶을 때 마법의 힘을 더욱 키우기 위해 개별적인 실천을 행할 수 있다. 또는 감사하는 마음을 계속 실천하기 위해 책장을 아무데나 펼 수도 있다. 거기에 어떤 실천 내용이 나와 있든 그것은 당신이 끌어낸 것이므로 그날 행하기에 꼭 맞는 완벽한 실천일 것이다.

28가지 마법의 실천 뒤에는 함께 행할 만한 몇 가지 실천들을 추천해놓았다. 이렇게 조합하여 행하면 구체적으로 원하는 영역에서 마법을 일으킬 수 있다.

감사하는 마음이 도가 지나칠 수 있을까? 그런 일은 결코 없다! 마법 같은 삶이 너무 심해져 도를 넘을 수 있을까? 그런 일은 거의 없다! 실천을 여러 차례 행하고 또 행해서 감사하는 마음을 의식 속에 담아 제2의 본성처럼 되도록 하라! 28일이 지나면 당신의 뇌는 재구성될 것이고 무의식 속에는 감사하는 마음이 깊이 새겨져 어떤 상황에서든 자동적으로 감사하는 마음이 가장 먼저 머릿속에 떠오를 것이다. 일상의 나날 속에서 감사하는 마음을 생활화하면 하루하루가 매우 멋진 날이 될 것이며, 당신이 경험하는 마법이 삶에 영감을 줄 것이다!

당신의 꿈은 무엇인가?

마법의 실천은 당신이 꿈을 이루는 것을 돕기 위해 고안된 것이다. 그러므로 당신이 *정말* 원하는 것이 무엇인지 분명하게 알아야 한다.

컴퓨터를 켜거나 펜과 종이를 갖고 책상에 앉아, 삶의 모든 영역에서 당신이 정말로 원하는 것이 무엇인지 목록을 작성하라. 무엇이 되고 싶은지, 무엇을 하고 싶은지, 무엇을 갖고 싶은지 모든 사항을 꼼꼼하게 생각하라. 인간관계, 경력, 재정, 건강, 그 밖에 당신에게 중요한 영역을 샅샅이 살펴보라. 얼마든지 구체적이어도 좋고 세세한 것까지 다 열거해도 좋다. 하지만 잊지 말아야 할 것이 있다. 당신은 그저 원하는 것을 적을 뿐, 원하는 것을 얻기 위해 어떻게 할 것인지는 적지 않는다. 감사하는 마음이 마법을 작동시킬 때가 되면, "어떻게 이룰 것인가?" 하는 문제가 이미 해결돼 있을 것이다.

더 나은 직업, 또는 꿈꾸던 직업을 원한다면 그 일이 어떤 모습이기를 원하는지 하나도 빠뜨리지 말고 생각해보라. 당신이 중요하게 여기는 것을 생각하라. 가령 어떤 종류의 일을 하고 싶은지, 그 일을 하는 동안 어떤 기분을 느끼고 싶은지, 어떤 회사에서 일하고 싶은지, 어떤 사람들과 일하고 싶은지, 몇 시간 일하고 싶은지, 일터가 어디였으면 좋겠는지, 연봉은 얼마나 받고 싶은지 등등에 대해 생각해보라. 하나도 빠뜨리지 않고 꼼꼼하게 생각하고 이를 기록함으로써 당신이 일에서 무엇을 원하는지 더 명확하게 정리하라.

아이들을 교육시킬 돈을 벌고 싶다면 비용이 얼마나 필요할지 정확하게 알기 위해 아이들을 어느 학교에 입학시키고 싶은지, 등록금, 책값, 식비, 의류비, 교통비는 얼마나 들지를 세세하게 작성하라.

여행을 하고 싶다면 가고 싶은 나라가 어디인지, 얼마나 오랫동안 여행하고 싶은지, 무엇을 보고 무엇을 하고 싶은지, 어디에서 묵고 싶은지, 교통수단은 어떤 것을 이용하고 싶은지 세세하게 기록하라.

완벽한 파트너를 만나고 싶다면 어떤 성격의 사람을 원하는지 하나도 빠뜨리지 말고 상세하게 적어라. 인간관계를 개선하고 싶다면 그 대상이 누구인지, 관계가 어떻게 달라지기를 원하는지 기록하라.

더 건강해지고 싶다면, 또는 몸 상태가 더 좋아지고 싶다면 당신의 건강이나 몸에서 어떤 점이 나아지기를 원하는지 구체적으로 적어라. 집을 갖고 싶은 꿈이 있다면 어떤 모습의 집을 원하는지, 방방마다 구체적인 모습을 세세하게 작성하라. 자동차, 옷, 가전제품 등 구체적으로 원하는 물품이 있다면 이것도 적어라.

시험 합격, 학위 취득, 스포츠 순위 등 이루고 싶은 일이 있거나 음악가, 의사, 작가, 배우, 과학자, 사업가, 그 밖에 되고 싶은 것이 무엇이든 해당 분야에서 성공을 거두고 싶다면 그것에 대해서도 가능한 한 구체적으로 적어라.

평생에 걸쳐 틈틈이 시간을 내어 당신의 꿈 목록을 계속 써가라고 강력하게 요구하고 싶다. 작은 것이든, 큰 것이든 이 순간 원하는 것, 이번 달 또는 올해 원하는 것을 적어라. 생각나는 게 있으면 목록에 덧붙이고, 꿈을 이루었으면 목록에서 지워라. 원하는 것의 목록을 작성할 때 다음과 같이 범주를 나누면 목록을 쉽게 작성할 수 있다.

건강과 몸

경력과 일

돈

인간관계

개인적 소망

물질적인 것

그런 다음 각 범주별로 당신이 원하는 것을 적어 넣기만 하면 된다.

당신이 무엇을 원하는지 분명해지면, 감사하는 마음이 지닌 마법의 힘을 활용함으로써 당신의 삶을 어느 쪽으로 바꾸고 싶은지 확실한 방향을 잡을 수 있다. 그러면 당신은 이제껏 경험한 그 어떤 모험보다 가장 흥분되고 스릴 넘치는 모험을 시작할 준비를 마친 것이다.

제1일
당신이 누리는 축복을 세어본다

"내가 받은 축복을 하나씩 세어보기 시작하자 나의 삶 전체가 좋아지기 시작했다."

윌리 넬슨(1933년생)
가수이자 작곡가

당신이 어떤 축복을 받고 있는지 하나씩 헤아려보라는 이야기를 듣거나, 감사해야 할 일이 무엇인지 생각해야 할 때 바로 이렇게 축복을 세어보게 된다. 하지만 당신이 미처 깨닫지 못했을지도 모르는 사실이 있다. 당신이 누리는 축복을 세어보는 일이 당신이 할 수 있는 가장 강력한 실천이며 이를 통해 당신의 삶 전체가 마법과도 같이 좋아지기 시작할 것이라는 사실이다!

아무리 작은 것일지라도 당신이 가진 것을 감사하게 여기는 바로 그 순간, 그것이 훨씬 커 보일 것이다. 아무리 적으나마 당신이 가진 돈을 감사하게 생각할 때 마법과도 같이 그 돈이 많아 보일 것이다. 비록 불완전하다 해도 누군가와의 관계를 감사하게 여긴다면, 기적처럼 그 관계가 훨씬 좋아 보이기 시작할 것이다. 비록 꿈꾸던 직업은 아닐지라도 당신이 가진 직업에 감사하면, 상황이 달라지기 시작하면서 그 일을 더욱 즐길 수 있게 되고 당신의 일을 도와줄 온갖 기회들이 갑자기 나타날 것이다.

반면에 우리가 누리는 축복을 세지 않는다면 자기도 모르게 부정적인 것을 하나씩 세는 덫에 걸릴 것이다. 우리는 자신이 갖지 못한 것을 이야기할 때 부정적인 것을 세게 된다. 다른 사람을 비판하거나 결점을 찾을 때, 교통상황, 줄서기, 시간 지체, 정부, 부족한 돈, 날씨 등에 대해 불평하면서 우리는 부정적인 것을 세고 있는 것이다. 부정적인 것은 하나씩 세다보면 점점 늘어난다. 이보다 더 큰 문제는 우리가 부정적인 것을 셀 때마다 우리에게 오고 있던 축복이 하나씩 취소된다는 사실이다. 나는 내가 받은 축복을 세는 일과 부정적인 일을 세는 두 가지 모두를 시도해 봤다. 그 결과, 누리고 있는 축복을 세어보는 일이야말로 삶에서 많은 것을 누리기 위한 유일한 방법이라고 당신에게 분명하게 말할 수 있게 됐다.

> "당신이 처해 있는 어려움의 가짓수를 세느라 당신이 누리는 축복을 놓치기보다는 당신이 누리는 축복에 이름을 붙이느라 세던 수를 잊는 것이 더 좋다."

멜트비 배브콕(1858-1901년)
작가이자 성직자 아침에 가장 먼저, 또는 하루 중 가능한 이른 시간에 당신이 누리는 축복을 세어보라. 손으로 쓰거나 컴퓨터로 작성해도 되고, 특별한 책이나 일지를 이용해서 작성해도 된다. 그런 다음 당신이 감사해야 할 것 전부를 적은 목록을 한 장소에 보관해둔다. 오늘 당신은 삶에서 감사해야 할 열 가지 축복을 간단한 목록으로 작성할 것이다.

아인슈타인은 감사할 때 *왜* 고마운지 이유를 생각했다. 특정 일, 사람, 상황에 대해 *왜* 감사한지 이유를 생각해보면 감사하는 마음이 더욱 깊어질 것이다. 감사하는 마음이 지닌 마법의 힘은 당신이 얼마나 그것을 가슴 깊이 느끼는가에 따라 달라진다는 것을 기억하라! 그러므로 당신이 적어놓은 항목마다 왜 그 일이 감사한지 이유를 함께 적어라.

목록을 작성하는 몇 가지 방법을 소개한다.

- 나는 ____축복의 내용____ 을 가졌으니 정말 축복받았다. 왜냐하면 ____이유____ 때문이다.

- 나는 ____축복의 내용____ 이 있어 정말 행복하고 감사한다. 왜냐하면 ____이유____ 때문이다.

- 나는 ____축복의 내용____ 을 진심으로 감사한다. 왜냐하면 ____이유____ 때문이다.

- ____축복의 내용____ 을 해준 당신에게 온 마음을 다해 감사한다. 왜냐하면 ____이유____ 때문이다.

열 가지 축복 목록을 다 작성하고 나면 처음으로 돌아가서 하나씩 읽어보라. 마음속으로든 큰 소리를 내든 상관없다. 각 축복 내용을 읽고 나면 *감사합니다, 감사합니다, 감사합니다*라고 마법의 주문을 세 번씩 말하고, 이 축복에 대해 최대한 가슴 깊이 감사하는 마음을 느껴라.

감사하는 마음을 더 가슴 깊이 느끼도록 우주, 신, 성령에 감사해도 좋고, 착한 마음이나 삶, 당신의 더 큰 자아, 또는 당신이 끌리는 다른 관념을 향해 감사해도 좋다. 누군가 또는 어떤 대상을 향해 감사할 때 가슴 깊이 감사함을 느낄 것이고, 감사함을 깊이 느낄수록 감사하는 마음이 지닌 힘이 더 커질 것이며, 더 많은 마법을 만들어낼 것이다! 고대 문화나 토착 문화에서 태양 같은 상징물을 정해 이 상징물을 향해 감사하는 것도 이 때문이다. 그들은 모든 좋은 것에 대한 보편적인 근원을 표현하기 위해 형체가 있는 상징물을 이용했을 뿐이며, 그런 상징물에 마음을 모음으로써 감사하는 마음을 더욱 가슴 깊이 느낄 수 있었던 것이다.

당신이 누리는 축복을 세는 실천은 아주 단순하지만 당신의 삶을 바꾸는 데는 강력한 힘을 발휘한다. 그래서 나는 당신이 남은 27일 동안에도 매일 열 가지 이상의 축복을 계속 목록에 덧붙이기를 바란다. 감사한 일을 매일 열 가지씩 찾기는 힘들 것이다. 하지만 감사한 일에 대해 자꾸 생각할수록 *감사할 일이 얼마나 많은지* 깨달을 것이다. 당신 삶을 찬찬히 살펴보라. 당신은 매우 많은 것을 받았고, 지금도 계속해서 매우 많은 것을 매일매일 받고 있다. 감사해야 할 일이 정말 *매우 많다*!

집이 있고, 가정이 있고, 친구가 있고, 일이 있고, 애완동물이 있는 것에 감사할 수 있다. 태양이 있고, 마실 물이 있으며, 먹을 음식이 있고, 숨 쉴 공기가 있는 것에 감사할 수 있다. 나무, 동물, 바다, 새, 꽃, 식물, 파란 하늘, 비, 별, 달, 아름다운 우리 지구에 감사할 수 있다.

당신의 감각에 감사할 수 있다. 볼 수 있는 눈이 있고, 들을 수 있는 귀가 있으며, 맛볼 수 있는 입이 있고, 냄새 맡을 수 있는 코가 있으며, 촉감을 느낄 수 있는 피부가 있는 것에 감사하는 마음을 가질 수 있다. 두 다리로 걸을 수 있고, 손으로 거의 모든 것을 할 수 있으며, 목소리를 내어 당신을 표현하고 다른 사람과 의사소통이 가능한 것을 감사할 수도 있다. 건강한 상태를 유지시켜 주는 놀라운 면역체계, 살아 있도록 당신 몸을 유지시켜 주는 모든 신체기관에 감사하는 마음을 느낄 수도 있다. 어떤 컴퓨터 기술로도 똑같은 것을 만들어낼 수 없는 인간의 위대한 정신은 어떤가?

당신이 감사할 축복을 찾아볼 수 있도록 주요 영역별로 여러 가지 주제 목록을 소개한다. 당신이 중요하게 여기는 것을 바탕으로 하여, 목록에는 당신이 원하는 주제를 언제 어떤 것이라도 덧붙일 수 있다.

마법의 감사 주제

- *건강과 몸*
- *일과 성공*
- *돈*

- 인간관계
- 열정
- 행복
- 사랑
- 삶
- 자연-지구, 공기, 물, 태양
- 상품과 서비스
- 당신이 정한 주제

당신이 누리는 축복을 세어보면 기분이 훨씬 좋아지고 마음도 행복해질 것이다. 기분이 좋아진 정도가 곧 얼마나 가슴 깊이 감사하는 마음을 느꼈는지를 보여주는 척도다. 감사하는 마음을 가슴 깊이 느낄수록 더 행복해지고 삶은 더 빨리 변화될 것이다. 정말로 순식간에 행복해지는 날이 있는가 하면 시간이 조금 더 걸리는 날도 있다. 하지만 당신이 누리는 축복을 매일 쉬지 않고 세어본다면 그럴 때마다 매번 당신의 느낌에 점점 더 큰 차이가 나타나는 것을 알아차릴 것이며, 당신이 누리는 축복이 마법처럼 늘어나는 것을 볼 수 있다!

마법 메모

내일 하루를 시작하기 전에 할 일이 있으므로 반드시 오늘 중으로 내일 해야 할 마법의 실천 내용을 읽어보라.

마법의 실천 제1번

당신이 누리는 축복을 세어본다

1. 아침에 우선 당신 삶에서 감사하게 여기는 축복 **열 가지**를 목록으로 만든다.

2. 각 축복마다 왜 감사하게 여기는지 *이유*를 적는다.

3. 목록 맨 처음으로 돌아가서, 마음속으로든 큰 소리를 내든 목록을 하나씩 읽어본다. 각 축복 내용을 읽고 나면 *감사합니다, 감사합니다, 감사합니다*라고 마법의 주문을 세 번씩 말하고, 이 축복에 대해 최대한 가슴 깊이 감사하는 마음을 느낀다.

4. 이 마법의 실천 세 단계를 오늘부터 27일 동안 매일 아침 반복한다.

5. 내일 행할 마법의 실천을 오늘 안으로 읽는다.

제2일
마법의 돌

"누구나 다들 조금씩 갖고 있는 지나간 불행을 깊이 생각하지 말고, 누구나 다들 많이 갖고 있는 내가 현재 누리고 있는 축복에 대해 깊이 생각하라."

찰스 디킨스(1812-1870년)
작가

초기에는 연달아 며칠 동안 이 실천들을 집중적으로 행해야만 감사하는 마음을 습관처럼 몸에 배게 할 수 있다. 감사하는 마음을 가지라고 상기시키는 것은, 감사하는 마음을 활용하여 삶을 황금으로 바꾸는 데 도움이 된다. 이번 마법의 실천에서 하고자 하는 바가 바로 이런 것이다.

리 브라우어는 〈시크릿〉이라는 영화와 책에서 감사의 돌을 통한 실천을 보여준다. 죽어가는 한 아이의 아버지가 감사의 돌을 이용하여 아들의 건강에 대해 감사한 결과, 아들이 기적적으로 회복된 이야기를 들려준 것이다. 그 후 전 세계 많은 사람이 감사의 돌을 효험이 입증된 영물로 여겼고, 돈, 질병 치료, 행복을 얻기 위해 이 감사의 돌을 이용했다.

우선 돌을 구한다. 당신 손에 쏙 들어가고 손가락으로 감싸 쥘 수 있는 정도의 작은 크기가 좋다. 날카롭게 튀어나온 부분 없이 부드러운 곡면을 지니고 있으며 그리 무겁지 않은 것으로, 손에 쥐고 있으면 정말 기분이 좋아지는 것으로 고른다.

집에 마당이 있다면 그곳에서 마법의 돌을 구해도 좋고, 아니면 강가나 개울가, 바다나 공원에서 구해도 좋다. 이런 장소에 가기가 여의치 않으면 이웃이나 가족, 친구에게 부탁하라. 어쩌면 마법의 돌로 쓸 만한 소중한 돌이나 돌멩이를 이미 갖고 있는 사람도 있을 것이다.

마법의 돌을 구했다면 잠들기 전에, 반드시 볼 수 있는 머리맡에 이 돌을 두어라. 필요하다면 당신이 잠들기 전에 언제든지 마법의 돌을 볼 수 있도록 조그맣게 자리를 마련해도 좋다. 자명종을 쓰고 있다면 그 옆에 마법의 돌을 두어라.

오늘밤 잠자러 이불 속으로 들어가기 직전 마법의 돌을 들어 손바닥에 놓은 뒤 손가락으로 꼭 감싸 쥐어라.

하루를 돌아보면서 그날 있었던 좋은 일을 빠뜨리지 말고 모두 생각한다. 그중에서 당신이 감사해야 하는 *가장 좋은 일*을 찾는다. 그런 다음 그처럼 가장 좋은 일이 일어난 데 대해 *감사합니다* 라고 마법의 주문을 건다. 마법의 돌을 머리맡 제자리에 다시 갖다놓는다. 이게 끝이다!

오늘부터 27일 동안 매일 밤 이 마법의 돌 사용법을 그대로 실천한다. 잠자기 전 하루를 돌아보면서 그날 있었던 *가장 좋은 일*을 찾는다. 마법의 돌을 손에 쥐고 있는 동안 온 마음을 다해 가장 좋았던 일을 고마워하면서 *감사합니다*라고 말한다.

돌을 쥐는 것이 아주 단순한 일처럼 보이겠지만 이 실천을 통해 당신 삶에 마법 같은 일이 일어나기 시작하는 걸 볼 수 있을 것이다.

그날 있었던 가장 좋은 일을 찾기 위해 하루 동안 일어났던 여러 가지 좋은 일을 뒤돌아볼 것이다. 이렇게 좋은 일을 찾고 그중에서 *가장 좋은 일*을 정하는 과정을 통해서 당신은 고마웠던 많은 일에 대해 실제로 생각해보게 된다. 또한 이렇게 하면 매일 감사하는 마음으로 잠들고 눈뜰 수 있다.

축복 세어보기와 마법의 돌 실천은 당신이 감사하는 마음 상태로 하루를 시작하고 마감할 수 있게 해준다. 사실 이 두 가지 실천이 정말로 강력해서 두 가지만 함께 해도 몇 달 만에 당신 삶은 바뀔 것이다. 하지만 이 책은 여러 가지 마법을 실천함으로써 당신의 삶이 정말로 빨리 변하도록 하기 위해 나왔다. 감사하는 마음에는 자석과 같은 힘이 있어서 우리가 감사해야 할 좋은 일들을 더 많이 끌어당긴다. 따라서 28일 동안 집중적으로 감사하면 이 자석의 힘이 더욱 강해진다. 감사하는 마음에 들어 있는 자석의 힘이 아주 강력해지면 당신이 원하는 것과 필요로 하는 것들이 마치 마법처럼 저절로 끌려오게 될 것이다!

마법 메모

 내일 하루를 시작하기 전 사진 몇 장을 모아야 하므로, 내일 해야 하는 마법의 실천 내용을 반드시 오늘 안으로 읽는다.

마법의 실천 제2번

마법의 돌

1. 마법의 실천 제1번대로 당신이 누리는 축복 세어보기를 1단계부터 3단계까지 되풀이하면서 열 가지 축복 목록을 작성한다. 이 열 가지 축복이 왜 감사한지 *이유를* 쓴다. 목록을 다시 읽으면서 각 축복 내용이 끝날 때마다 *감사합니다, 감사합니다, 감사합니다*라고 말하고 그 축복에 대해 최대한 가슴 깊이 감사한다.

2. 마법의 돌을 구해서 머리맡에 둔다.

3. 오늘밤 잠자러 가기 전에 마법의 돌을 손에 쥐고 오늘 있었던 *가장 좋은 일*을 생각한다.

4. 오늘 있었던 가장 좋은 일에 대해 *감사합니다, 감사합니다, 감사합니다*라고 마법의 주문을 건다.

5. 앞으로 26일 동안 매일 밤 잠들기 전 마법의 돌을 실천한다.

6. 내일 해야 하는 마법의 실천 내용을 오늘 안으로 읽는다.

제3일
마법의 인간관계

　지구상에 당신 한 사람뿐이라고 상상해보라. 아무것도 하고 싶은 마음이 들지 않을 것이다. 그림을 그린들 볼 수 있는 사람이 없다면 무슨 소용이겠는가? 작곡을 한들 들을 사람이 없다면 무슨 소용이겠는가? 발명을 한다 해도 그것을 사용할 사람이 아무도 없다면 무슨 소용이겠는가? 여기 살다가 저기로 이사 갈 이유도 없을 것이다. 어디를 가든 그곳 역시 지금 당신이 있는 곳과 같이 아무도 없기 때문이다. 삶에 아무 즐거움도 기쁨도 없을 것이다.

　삶에 기쁨과 의미와 목적을 가져다주는 것은 다른 사람과의 만남이고, 다른 사람과 함께하는 경험이다. 이 때문에 인간관계는 다른 어떤 것보다 삶에 많은 영향을 미친다. 꿈꾸는 삶을 손에 넣기 위해서는 인간관계가 지금 당신 삶에 어떤 영향을 미치는지 이해해야 한다. 아울러 감사하는 마음이 마법처럼 당신 삶을 변화시키기 위해서는 인간관계가 어떻게 가장 강력한 통로가 되는지 반드시 이해해야 한다.

감사하는 마음을 실천하는 사람은 돈독한 인간관계를 갖고, 가족이나 친구와 가깝게 지내며, 주변 사람에게 우호적인 시선을 받는다는 연구 결과가 있다. 과거 위대한 현인들이 말한 지혜가 오늘날의 과학에 의해 확인되고 있는 것이다. 하지만 연구 결과에서 가장 놀라운 통계는 말로든 생각으로든 다른 사람에 대한 불평을 *한 번* 할 때마다, 이 관계를 좋아지게 하려면 *열 가지* 축복이 필요하다는 사실이다. 한 번 불평할 때마다 그 다음에 이어지는 축복이 열 가지에서 조금이라도 부족하면 관계는 악화된다. 부부 관계에서 이런 일이 생긴다면 반드시 이혼으로 끝날 것이다.

감사하는 마음은 인간관계를 좋게 한다. 어느 인간관계에 대해서든 더 가슴 깊이 감사하면 마법과도 같이 그 관계에서 많은 행복을 얻을 수 있다. 인간관계에 감사하는 마음을 지니면 관계뿐만 아니라 당신 자신도 바뀐다. 지금 당신 성격이 어떠하든 감사하는 마음은 당신 스스로도 인식하지 못할 정도로 인내심, 이해심, 연민, 친절을 키워줄 것이다. 당신이 인간관계에서 한때 느꼈던 작은 짜증이나 불만도 사라질 것이다. 상대에게 진심으로 감사한다면 그 사람에게서 바꾸고 싶은 게 하나도 없기 때문이다. 상대를 비판하지 않고, 그에 대해 불평하지 않으며, 그를 탓하지도 않을 것이다. 사실 이전까지 불만스럽게 여겼던 불평거리가 눈에 보이지도 않을 것이다.

"우리 마음이 소중한 것을 알고 있는 순간에만 오로지 우리가 살아 있다고 말할 수 있다."

손튼 와일더 (1897-1975년)
작가이자 극작가

말에는 매우 강한 힘이 있다. 따라서 당신이 누구에 대해서든 불평하면 결국 그것은 *당신*의 삶을 해친다. 힘들어지는 것은 *당신* 삶이다. 상대에 대해 무슨 생각이나 말을 하면 결국 끌어당김의 법칙에 따라 그것은 고스란히 당신에게로 되돌아온다. 세상의 위인이나 스승이 우리에게 감사하는 마음을 지니라고 말하는 것도 바로 이 때문이다. *당신* 삶에서 더 많은 것을 얻기 위해, 그리고 *당신* 삶이 마법처럼 풍성해지기 위해서는 다른 사람을 현재 모습 그대로 고마워해야 한다는 것을 그들은 알고 있었다. 가까운 사람들이 모두 당신에게 "사랑해. 지금 당신 모습 그대로"라고 말한다면 어떤 기분일까?

오늘 해야 할 마법의 실천은 지금 모습 그대로 다른 사람들을 고마워하는 것이다! 설령 지금 맺고 있는 모든 인간관계가 좋더라도 이 실천을 통해 훨씬 더 훌륭한 관계로 발전할 수 있다. 또한 다른 사람에게서 고마운 점을 발견할 때마다 이렇게 감사하는 마음이 놀라운 마법을 일으키는 것을 보게 될 것이다. 당신이 상상했던 그 이상으로 인간관계가 훨씬 강해지고, 많은 만족감을 안겨주며, 풍요로워질 것이다.

당신이 감사할 가장 가까운 세 명을 선택하라. 아내나 아들, 아버지를 선택할 수도 있으며 남자친구, 사업 파트너, 형제자매를 선택할 수도 있다. 절친한 친구를 선택할 수도 있으며 할머니나 삼촌을 선택할 수도 있다. 상대의 사진만 갖고 있다면, 당신과 중요한 인간관계를 맺고 있는 사람 세 명을 누구든지 선택해도 좋다. 사진은 그 사람 혼자 찍은 사진이어도 좋고 당신과 둘이서 찍은 사진이어도 좋다.

세 명의 사람과 사진을 골랐으면 이제 마법을 시작할 준비는 끝났다. 자리에 앉아 각 사람마다 당신이 가장 고마워하는 일을 떠올린다. 어떤 점을 가장 사랑하는가? 가장 좋은 점은 무엇인가? 상대의 인내심, 귀 기울여 듣는 능력, 재능, 힘, 현명한 판단, 지혜, 웃음, 유머 감각, 눈, 미소, 친절한 마음씨, 뭐든 좋다. 그들과 함께하며 즐거웠던 일에 대해 고마워할 수도 있다. 아니면 당신 옆에 있어줬거나, 당신을 보살펴줬거나, 당신을 응원해줬던 때를 떠올려도 좋다.

당신이 감사하게 여기는 일들을 생각하면서 얼마간 시간을 보내고 난 뒤 사진을 앞에 놓고, 펜과 공책, 또는 컴퓨터를 연 다음 당신이 가장 감사하게 여기는 일 다섯 가지를 고른다. 사진을 바라보면서 다섯 가지 목록을 적는다. 각 문장은 상대의 이름으로 시작하며, 감사하게 여기는 점을 적은 뒤 *감사합니다*라고 마법의 주문을 덧붙인다.

상대 이름, *감사하게 여기는 점* 해주어 감사합니다.

예를 들면 "존, 언제나 나를 웃게 해주어 감사합니다." "엄마, 내가 대학에 다니는 동안 계속 힘이 돼주어 감사합니다."라고 쓴다.

세 명 모두에 대한 내용을 다 적고 나면 이어서 오늘 안으로 그들과 사진을 찍고 당신이 자주 볼 수 있는 곳에 이 사진을 둔다. 오늘 이 사진을 볼 때마다 상대 이름을 부른 뒤 *감사합니다*라고 마법의 주문을 걸면서 감사하는 마음을 전한다.

헤일리, 감사합니다.

여러 곳을 돌아다닌다면 가방이나 주머니에 사진을 넣고 다니면서 하루에 세 번 사진을 보고 똑같은 절차를 따른다.

이제 당신은 감사하는 마음이 지닌 마법의 힘을 이용하여 인간관계를 마법의 인간관계로 바꾸는 법을 알게 됐다. 이 책에서 요구하는 조건은 아니지만, 당신이 맺고 있는 모든 인간관계를 훌륭한 관계로 만들기 위해 필요하다면 매일 이 놀라운 실천을 행하고 싶은 마음이 들기도 할 것이다. 같은 인간관계에 대해 당신이 원하는 만큼 여러 차례에 걸쳐 이를 실천해도 좋다. 인간관계에서 좋은 점에 대해 더 많이 감사할수록 당신 삶의 모든 인간관계가 더 빠른 시일 안에 기적적으로 달라질 것이다.

마법의 실천 제3번

마법의 인간관계

1. 마법의 실천 제1번대로 당신이 누리는 축복 세어보기를 1단계부터 3단계까지 되풀이하면서 열 가지 축복 목록을 작성한다. 이 열 가지 축복이 왜 감사한지 *이유*를 쓴다. 목록을 다시 읽으면서 각 축복 내용이 끝날 때마다 *감사합니다, 감사합니다, 감사합니다*라고 말하고 그 축복에 대해 최대한 가슴 깊이 감사한다.

2. 가장 가까운 사람 **세 명**을 고르고 이들의 사진을 모은다.

3. 사진을 앞에 놓고 각 사람마다 가장 고마운 점 **다섯 가지**를 일지나 컴퓨터에 적는다.

4. 각 문장은 상대의 이름으로 시작하며, 고맙게 여기는 점을 구체적으로 적은 뒤 *감사합니다*라고 마법의 주문을 덧붙인다.

5. 오늘 하루 이 사진을 갖고 다니거나 당신이 자주 보는 곳에 놓아둔다. 적어도 **세 차례** 사진을 바라보면서 상대의 얼굴을 향해 이름을 부른 뒤 *감사합니다*라고 마법의 주문을 걸어 고마움을 전한다. *헤일리, 감사합니다.*

6. 잠들기 전 한 손에 마법의 돌을 쥐고, 그날 있었던 *가장 좋은 일*에 대해 *감사합니다*라고 마법의 주문을 건다.

제4일
마법의 건강

"가장 큰 부는 건강이다."

베르길리우스 (기원전 70-19년)
로마 시인

건강은 삶에서 가장 소중하다. 하지만 우리는 그 무엇보다 건강이 고마운 줄을 모르고 당연하게 여긴다. 우리가 건강을 생각하는 때는 오로지 건강을 잃었을 때다. 그제야 비로소 건강을 잃으면 우리에게 아무것도 없다는 것을 깨닫는다.

건강과 관련된 이탈리아 격언이 있다. "건강함을 누리는 사람은 부자지만 본인은 이를 알지 못한다." 건강할 때는 건강에 대해 거의 생각하지 않지만, 감기나 몸살 같은 가벼운 병으로 몸져눕기만 해도 이 말이 사실이라는 것을 느낀다. 몸이 좋지 않을 때 바라는 게 있다면 오로지 몸이 나아 건강을 되찾는 것이며, 다른 일은 별로 중요하지 않게 된다.

건강은 삶의 선물이다. 당신은 이 선물을 매일 받고 있으며, 앞으로도 계속 받을 것이다. 건강하게 살기 위해 여러 가지 해야 하는 일이 있지만, 무엇보다 계속 건강을 누리기 위해서는 우리가 현재 누리는 건강에 감사해야 한다!

기억하라.

"무릇 (건강에 대해) **감사하는 마음**이 있는 자는 받아 넉넉하게 되되, (건강에 대해) **감사하는 마음**이 없는 자는 그 있는 것도 빼앗기리라."

건강에 좋다고 하는 방식대로 살아가도 건강을 잃는 사람이 있는 것을 생각하면, 당신이 선물로 *받은 건강에 대해 감사하는* 일은 매우 중요하다. 감사하게 여기면 건강함을 앞으로도 유지할 수 있을 뿐만 아니라, 마법은 당신이 더 건강해지도록 만든다. 또한 곧바로 건강이 향상되는 것을 깨달을 수 있다. 작은 통증이나 고통, 점, 흉터, 흔적 등이 마법처럼 사라지기 시작할 것이며 에너지와 활력과 행복감이 눈에 띄게 늘어나는 것을 알아차릴 것이다.

앞으로 이어질 실천 속에서 깨닫겠지만 매일 건강을 위한 감사의 실천을 하다 보면 온몸의 모든 기능뿐만 아니라 시력과 청력, 그 밖에 모든 감각 능력까지 좋아질 것이다. 그리고 이 모든 일이 마법처럼 일어난다.

"감사하는 마음은 백신이며 항독제며 항균제다."

존 헨리 조엣(1864-1923년)
장로교회 목사이자 작가

건강을 감사하게 여기면 딱 그만큼 건강이 마법처럼 증진될 것이고, 건강을 감사하게 여기지 않으면 딱 그만큼 건강이 감퇴할 것이다. 건강이 감퇴한 상태로 살아간다는 것은 에너지, 활력, 면역체계, 생각의 명료성, 그 밖에 신체나 정신의 기능이 약해진다는 의미다.

건강을 감사하게 여기면 앞으로도 감사하게 여길 수 있는 건강을 선물로 더 받게 되며 동시에 몸과 마음의 스트레스와 긴장이 사라질 것이다. 과학 연구에서 입증된 바에 따르면 스트레스와 긴장이 만병의 원인이며, 감사하는 마음을 실천하는 사람은 병이 빨리 낫고 수명도 7년이나 더 길다!

지금의 건강 상태를 통해 그동안 건강을 얼마나 감사하게 여겼는지 바로 알 수 있다. 몸이 무겁고 삶이 애써 노력해서 살아가야 하는 것처럼 느껴진다면, 또는 나이에 비해 젊지 않은 것처럼 느껴진다면 당신은 지금 건강이 감퇴된 상태로 살고 있는 것이다. 이처럼 활력이 떨어지는 주요 원인 중 하나는 감사하는 마음이 부족하기 때문이다. 하지만 이 모든 것은 곧 바뀔 것이다. 이제 당신 몸의 건강을 위해 감사하는 마음이 지닌 마법의 힘을 이용할 것이기 때문이다!

마법의 건강 실천은 당신 몸의 건강에 대해 쓴 다음 글을 끝까지 읽는 일로 시작된다. 몸의 각 부분을 지칭하여 굵은 글씨로 적은 행을 읽은 뒤 두 눈을 감고 해당 구절을 마음속으로 되뇌면서 몸의 해당 부위에 대해 최대한 가슴 깊이 감사하는 마음을 느낀다. 왜 감사하게 여기는지 *이유*를 생각하는 것은 가슴 깊이 감사하는 마음을 느끼는 데 도움이 되며, 감사하는 마음을 가슴 깊이 느끼면 느낄수록 당신 몸에 놀라운 결과가 더욱 빨리 나타나는 것을 느끼고 눈으로 볼 수 있을 것이다.

당신의 두 다리와 발을 생각하라. 이 두 가지는 당신이 움직이는 중요한 수단이다. 두 다리로 하는 모든 일들, 즉 몸의 균형을 잡고, 서 있고, 앉고, 운동하고, 춤추고, 계단을 오르고, 운전하고, 무엇보다도 걸어 다니는 기적을 생각하라. 두 다리와 발이 있기에 당신은 집안을 돌아다니며, 화장실도 가고, 주방에 가서 물도 먹으며, 차 있는 곳까지 걸어갈 수 있다. 두 다리와 발이 있기에 당신은 상점을 돌아다닐 수 있고, 길을 지나갈 수도 있고, 공항을 통과할 수 있으며, 바닷가를 거닐 수 있다. 두 다리로 걸어 다닐 수 있는 능력이 있기에 우리는 삶을 즐길 자유가 있다. *내게 두 다리와 발을 주어 감사합니다!*라고 정말 진심으로 말하라.

당신의 두 팔과 손에 대해, 그리고 하루 동안 얼마나 많은 물건을 집고 드는지 생각해보라. 두 손은 살아가는 데 중요한 도구며, 우리는 언제나 종일 쉬지도 않고 두 손을 사용한다. 두 손이 있기에 글을 쓰고 식사를 할 수 있으며, 전화나 컴퓨터를 이용하고, 샤워할 수 있으며, 옷을 입고, 화장실을 사용할 수 있으며, 물건을 집거나 들 수 있고, 당신에게 필요한 모든 일을 할 수 있다. 두 손을 사용할 수 없다면 이 모든 일을 다른 사람이 대신 해주어야 한다. *내게 두 팔과 두 손과 손가락을 주어 감사합니다!*라고 말하라.

당신이 가진 놀라운 감각에 대해 생각하라. 미각은 하루 종일 당신이 먹고 마실 때 아주 많은 즐거움을 여러 차례나 가져다준다. 감기 몸살로 입맛을 잃고 나면 음식에서도 음료수에서도 아무 맛을 느끼지 못하며, 먹고 마시는 기쁨이 사라진다. *내게 놀라운 미각을 주어 감사합니다!*라고 말하라.

당신에게 후각이 있어서 삶의 아름다운 향기들, 꽃, 향수, 깨끗하게 빤 세탁물 냄새, 음식 냄새, 겨울 밤 장작불 냄새, 여름날 상쾌한 공기, 방금 벤 풀 냄새, 비온 뒤 흙냄새를 맡을 수 있다. *내게 경이로운 후각을 주어 감사합니다!*라고 말하라.

당신에게 촉각이 없다면 차가운 것과 뜨거운 것, 부드러운 것과 날카로운 것, 매끄러운 것과 거친 것을 구분하지 못했을 것이다. 물체를 느낄 수도 없고, 몸으로 사랑을 표현하고 사랑을 받을 수도 없었을 것이다. 촉각이 있기에 당신은 사랑하는 사람을 꼭 안으며 몸으로 느낄 수 있다. 또한 한 사람에게서 다른 사람으로 손의 느낌이 전해지는 일은 삶에서 가장 소중한 것 중 하나다. *내게 소중한 촉각을 주어 감사합니다!*라고 말하라.

눈의 기적에 대해 생각해보라. 눈이 있어서 사랑하는 사람과 친구의 얼굴을 볼 수 있으며, 책과 신문, 이메일을 읽고, 텔레비전을 보며, 자연의 아름다움을 볼 수 있고, 무엇보다도 살아가는 내내 당신이 가는 길을 볼 수 있다. 딱 한 시간만 두 눈을 가리고 평소 하던 일들을 해보면 두 눈의 진가를 알 수 있다. *모든 것을 볼 수 있는 두 눈을 내게 주어 감사합니다!*라고 말하라.

두 귀를 생각해보라. 당신에게 귀가 있기에 자기 목소리와 다른 사람의 목소리를 들으면서 사람들과 이야기할 수 있다. 귀가 없거나 청각이 없다면 전화기를 사용할 수 없고, 음악을 들을 수 없으며, 라디오도 듣지 못하고, 사랑하는 사람이 하는 말도 듣지 못하며, 주변의 어떤 소리도 듣지 못한다. *내게 청각을 주어 감사합니다!*라고 말하라.

또한 뇌가 없다면 이런 감각도 모두 사용할 수가 없다. 뇌는 모든 감각으로부터 들어오는 메시지를 1초에 100만 개 이상 처리한다! 삶을 느끼고 경험할 수 있는 것도 사실상 뇌 덕분이며, 이 세상의 그 어떤 컴퓨터 테크놀로지로도 뇌를 복제하지는 못한다. *내게 뇌와 아름다운 정신을 주어 감사합니다!*라고 말하라.

하루 24시간 1주일 내내 쉬지 않고 당신의 건강과 몸, 삶을 위해 일하는 1조 개의 세포에 대해 생각해보라. *세포들을 주어 감사합니다!*라고 말하라. 생명 유지에 관여하는 기관들에 대해 생각해보라. 이 기관들은 당신의 몸속에서 끊임없이 노폐물을 걸러내고, 깨끗하게 처리하며, 모든 것을 재생시킨다. 당신이 이 기관들에 대해 생각할 필요조차 없이 알아서 척척 모든 일을 하고 있다는 사실을 생각해보라. *내 신체기관들, 완벽하게 움직여주어 감사합니다!*라고 말하라.

하지만 몸의 어떤 감각, 어떤 체계, 어떤 기능, 어떤 기관보다도 기적 같은 것은 심장이다. 심장은 다른 모든 기관의 생명을 지배한다. 심장은 몸 전체에 계속 생명이 흐르도록 해주기 때문이다. *튼튼하고 건강한 심장을 주어 감사합니다!*라고 말하라.

이제, 종이나 카드를 꺼내어 그 위에 굵은 글씨로 이렇게 쓴다.

건강이라는 선물이 나를 살아 있게 해준다.

오늘 하루 당신이 자주 볼 수 있는 장소에 이 카드를 둔다. 책상에서 일한다면 바로 보이는 앞에 카드를 놓아둔다. 운전하는 사람이라면 차나 트럭 안에 당신이 자주 보는 곳에 카드를 놓아둔다. 거의 하루 종일 집안에 있다면 손을 씻는 곳이나 전화기 옆에 카드를 놓아둔다. 당신이 써놓은 글을 자주 볼 수 있는 장소를 골라라.

오늘 하루 적어도 네 번 이상 이 말을 보면서 한 번에 한 단어씩 천천히 읽고, 최대한 가슴 깊이 건강이라는 선물에 감사하는 마음을 느낀다.

건강을 감사하게 여기는 마음이야말로 건강을 지키는 데 있어 가장 중요한 것이다. 나아가 에너지와 삶의 열정을 계속 커지게 만들며, 건강하게 살아가도록 보장해주는 핵심사항이기도 하다. 통상적인 의료 치료와 병행하면서 이 감사하는 마음을 활용한다면 건강에 혁명이 일어나는 것을 볼 수 있으며, 이제껏 경험하지 못한 회복과 기적을 목격할 것이다.

마법의 실천 제4번

마법의 건강

1. 마법의 실천 제1번대로 당신이 누리는 축복 세어보기를 1단계부터 3단계까지 되풀이하면서 열 가지 축복 목록을 작성한다. 이 열 가지 축복이 왜 감사한지 *이유*를 쓴다. 목록을 다시 읽으면서 각 축복 내용이 끝날 때마다 *감사합니다, 감사합니다, 감사합니다*라고 말하고 그 축복에 대해 최대한 가슴 깊이 감사한다.

2. 종이나 카드에 다음 글을 쓴다.
   건강이라는 선물이 나를 살아 있게 해준다.

3. 글을 쓴 카드를 오늘 하루 당신이 자주 볼 수 있는 장소에 놓아둔다.

4. 적어도 **네 번** 이상 아주 천천히 이 말을 읽으면서 건강이라는 소중한 선물에 대해 최대한 가슴 깊이 감사하는 마음을 느낀다!

5. 잠자리에 들기 직전 한 손에 마법의 돌을 쥐고, 그날 있었던 *가장 좋은 일*에 대해 *감사합니다*라고 마법의 주문을 건다.

제5일
마법의 돈

"감사하는 마음은 부유한 것이고, 불평은 가난한 것이다."

크리스천사이언스의 찬송가

돈이 부족할 때, 이를 걱정하고, 질투하고, 실망하고, 낙담하고, 의심하고, 두려워한다고 결코 돈이 생기지 않는다는 것을 알아야 한다. 그러한 느낌은 당신이 가진 돈에 대해 감사하는 마음이 부족한 데서 생기기 때문이다. 돈에 대해 불평하고, 따지고, 좌절하고, 뭔가에 들어가는 비용을 따지고, 다른 누군가가 돈에 대해 기분 나쁜 마음이 들게 하는 것은 감사하는 행동이 아니다. 돈은 늘어나지 않고 상황은 더 나빠질 것이다.

현재 어떤 상황에 놓여 있든 당신에게 돈이 충분하지 않다고 여기는 생각 자체가 당신이 가진 돈에 대해 감사하지 않은 태도다. 현재 상황을 머릿속에서 지우고, 대신 당신이 가진 돈에 감사하는 마음을 느껴라. 그러면 당신 삶에서 돈이 마법처럼 늘어날 것이다!

"무릇 (돈에 대해) **감사하는 마음**이 있는 자는 받아 넉넉하게 되되, (돈에 대해) **감사하는 마음**이 없는 자는 그 있는 것도 빼앗기리라."

누구든 돈이 별로 없을 때 돈에 대해 감사하는 마음을 갖기는 힘들다. 하지만 감사하는 마음을 갖기 전까지는 아무것도 달라지지 않는다는 것을 이해하고 나면, 감사할 수 있는 힘을 얻을 것이다.

돈 문제는 많은 사람에게 어려운 문제며, 돈이 넉넉하지 않을 때에는 특히 더 어려운 문제다. 그래서 마법의 돈을 실천하는 방법은 두 단계로 이루어져 있다. 우선 하루를 시작할 때 마법의 돈에 대한 실천 내용을 끝까지 읽어야 한다. 하루 종일 지속적으로 실천해야 하기 때문이다.

우선 자리에 앉는다. 그리고 몇 분 동안, 돈이 많지도 않고 적지도 않았던 어린 시절을 되돌아본다. 당신에게 돈이 생겼던 때를 하나씩 떠올리면서, 매 순간 온 마음을 다해 *감사합니다*라고 마법의 주문을 걸고 가슴 깊이 느낀다.

언제나 먹을 것이 있었나요?

살 집이 있었나요?

오랫동안 교육을 받았나요?

매일 학교까지 어떻게 갔나요? 책, 도시락, 그 밖에 학교에서 필요한 것이 다 있었나요?

어린 시절 놀러간 적이 있나요?

어린 시절에 받은 가장 신나는 생일 선물은 무엇이었나요?

자전거, 장난감, 애완동물이 있었나요?

하루가 다르게 키가 클 때 맞는 옷이 준비되어 있었나요?

극장에 가거나, 운동 시합을 하거나, 악기를 배우거나 취미를 가진 적이 있나요?

몸이 좋지 않을 때 병원에 가서 약을 먹은 적이 있나요?

치과에 간 적이 있나요?

칫솔, 치약, 비누, 샴푸 등 일상생활에서 사용하는 생활필수품이 있었나요?

자동차로 여행한 적이 있나요?

텔레비전을 보거나, 전화를 걸거나, 전깃불을 켜거나, 전기나 물을 쓴 적이 있나요?

이 모든 것에는 돈이 들어가며, 당신은 이 모든 것을 받았다. 그것도 무료로! 어린 시절과 청소년기를 거슬러 올라가보면, 다른 사람들이 어렵게 번 돈으로 마련해준 것들을 얼마나 많이 받았는지 깨달을 것이다. 매 순간, 매 기억에 감사하라. 당신이 과거에 받은 돈에 진심으로 감사하는 마음을 느낄 때 돈이 마법처럼 늘어나기 때문이다! 보편적인 법칙이 이를 증명한다.

마법의 돈을 계속 실천하려면 1달러 지폐같이 작은 금액의 지폐를 꺼내 그 위에 스티커를 붙이고 다음과 같이 쓴다.

지금까지 살아오는 동안 내가 받은 모든 돈에 감사합니다.

오늘 하루 마법의 지폐를 지갑이나 가방, 주머니에 넣고 다닌다. 적어도 오전에 한 번, 오후에 한 번 이상 하고 싶은 만큼 여러 번 마법의 지폐를 꺼내 한 손에 쥔다. 스티커에 적어놓은 글을 읽으며 지금까지 받은 많은 돈에 *진심*으로 감사한다. 진심으로 감사할수록 감사하는 마음을 더 가슴 깊이 느끼고, 돈과 관련된 상황에서 더 빨리 기적 같은 변화가 일어나는 것을 볼 것이다.

돈이 얼마나 많이 늘어날지를 미리 알 수는 없다. 하지만 여러 가지 상황이 당신에게 돈이 생기게끔 변화하는 것을 볼 수 있을 것이다. 갖고 있는 줄도 몰랐던 돈을 찾아내고, 뜻밖의 현금이나 수표를 받기도 하며, 할인을 받거나 환불을 받거나 비용이 줄기도 하고, 돈을 주고 사야 하는 것을 받기도 한다.

오늘이 지나면 마법의 지폐를 당신이 매일 보는 곳에 놓아두고, 지금까지 받은 풍족한 돈에 감사하도록 스스로를 상기시킨다. 마법의 지폐를 쳐다보면서 지금까지 받은 돈에 많이 감사할수록 더 많은 마법을 일으킬 수 있다는 사실을 기억하라. 돈에 대해 감사하는 마음이 많다는 것은 곧 돈이 많다는 것과 같다!

소리 내어 말하든 마음속으로든 돈에 대해 불평할 것 같은 상황에 놓인다면 스스로에게 이렇게 물어보라. "이 불평을 하고 난 뒤 그에 따른 대가를 치를 각오가 되어 있는가?" 한 번 불평하는 것만으로 돈의 흐름이 느려지거나 멈추기 때문이다.

오늘 이후 월급을 받았든, 환급이나 할인을 받았든, 아니면 돈 주고 사야 하는 것을 누군가 주었든 간에 어떤 식으로든 돈을 받을 때마다 진심으로 그 돈에 대해 감사하라. 이러한 각각의 상황은 모두 당신이 돈을 받았다는 것을 의미한다. 이렇게 받은 돈을 감사하게 여길 때, 감사하는 마음이 지닌 마법의 힘은 당신이 돈을 불리고 늘릴 수 있는 기회를 제공한다!

마법의 실천 제5번

마법의 돈

1. 마법의 실천 제1번대로 당신이 누리는 축복 세어보기를 1단계부터 3단계까지 되풀이하면서 열 가지 축복 목록을 작성한다. 이 열 가지 축복이 왜 감사한지 *이유*를 쓴다. 목록을 다시 읽으면서 각 축복 내용이 끝날 때마다 *감사합니다, 감사합니다, 감사합니다*라고 말하고 그 축복에 대해 최대한 가슴 깊이 감사한다.

2. 자리에 앉아 몇 분간 어린 시절을 돌아보면서, 당신이 공짜로 받았던 모든 것을 생각해본다.

3. 당신에게 돈이 생겼던 기억을 하나씩 떠올려보면서 각 상황에 대해 *감사합니다*라고 마법의 주문을 걸고 온 마음으로 느낀다.

4. 1달러 지폐같이 작은 금액의 지폐를 꺼내 그 위에 스티커를 붙이고 스티커 위에 굵고 커다란 글씨로 이렇게 쓴다.

    지금까지 살아오는 동안 내가 받은 모든 돈에 감사합니다.

5. 오늘 하루 마법의 지폐를 들고 다니면서, 적어도 오전에 한 번, 오후에 한 번, 아니면 원하는 만큼 여러 번 지폐를 꺼낸다. 당신이 스티커에 써놓은 글을 읽으면서 당신이 받은 많은 돈에 *진심*으로 감사한다.

6. 오늘이 지나면 마법의 지폐를 당신이 매일 볼 수 있는 곳에 놓아두고, 지금까지 받은 풍족한 돈에 계속 감사할 수 있도록 한다.

7. 잠자리에 들기 직전 한 손에 마법의 돌을 쥐고, 그날 있었던 *가장 좋은 일*에 대해 *감사합니다*라고 마법의 주문을 건다.

제6일
마법의 일

"예술, 훈련, 기술 습득 등 어떠한 활동을 할 때마다, 할 수 있는 한 끝까지 밀어붙여서 예전에 형성한 한계를 뛰어넘도록 하고, 거기에 또 무모할 만큼 극단적으로 밀어붙여라. 그러면 마법의 영역으로 들어간다."

톰 로빈스 (1936년생)
작가

지독하게 가난하게 태어나 가진 것도 하나 없고 교육도 거의 받지 못한 사람이 어떻게 대통령이나 유명인이 되거나, 제국을 건설하거나, 세계에서 가장 부유한 사람이 될 수 있었을까? 또한 같은 경력에서 출발한 두 사람 중 왜 한 사람은 성공에 성공을 거듭하고, 다른 한 사람은 녹초가 되도록 일하고 아무리 열심히 노력해도 별다른 성공을 거두지 못하는 일이 일어날까? 여기서 잃어버린 고리는 감사하는 마음이다. 끌어당김의 법칙에 따르면 성공을 끌어당기기 위해서는 지금 당신이 가진 것에 감사해야 한다. 감사하는 마음이 없다면 지속적인 성공을 거둘 수 없다.

일이나 직업에서 기회나 승진, 돈, 탁월한 아이디어, 영감, 평가 등과 같은 좋은 일이 늘어나도록 하려면, 당신이 하고 있는 일이나 직업을 감사하게 여겨야 한다. 감사하는 마음이 클수록 장차 감사할 일이 많아질 것이다! 또한 삶에 뭔가 많이 생기도록 하려면 이미 가진 것에 감사해야 한다는 사실을 지금쯤이면 알아차렸을 것이다.

"무릇 (일에 대해) **감사하는 마음**이 있는 자는 받아 넉넉하게 되되, (일에 대해) **감사하는 마음**이 없는 자는 그 있는 것도 빼앗기리라."

당신이 하는 일을 감사하게 여기면 자기도 모르게 저절로 일에 더 많은 것을 쏟아부을 것이고, 일에 더 많은 것을 쏟아붓는다면 당신에게 돌아오는 돈과 성공이 늘어날 것이다. 당신이 하는 일을 감사하게 여기지 않으면 자기도 모르게 많은 것을 쏟지 않게 될 것이다. 많은 것을 쏟지 않으니 당신에게 돌아오는 것은 줄어들고, 그 결과 일에서 행복을 느끼지 못할 것이다. 꼭 해야 하는 것 이외에 더 많은 것을 쏟지 않게 되어 일이나 직업이 정체되거나 악화될 것이다. 이는 곧 당신이 하는 일을 잃을 수도 있다는 의미다. 잊지 마라. 감사하는 마음이 없는 사람은 가진 것조차 빼앗길 것이다.

당신이 보여주는 감사하는 마음에 정확히 비례하여 보상받는다. 당신이 얼마만큼 감사하는 마음을 보여주는가에 따라 당신 스스로 얼마나 돌려받을 수 있을지가 정해지는 것이다!

사업을 하고 있다면 당신이 보여주는 감사하는 마음에 따라 사업의 가치가 상승하기도 하고 하락하기도 한다. 사업과 고객과 직원에게 감사하는 마음을 많이 지닐수록 사업은 점점 커지고 번창할 것이다. 사장이 감사하는 마음을 보이는 대신 걱정을 보일 때 사업은 내리막길을 걷는 것이다.

당신이 부모라서 아이를 돌보고 가정을 꾸리는 것이 당신 일이라면 삶에서 지금 이 시간 감사해야 할 일을 찾아보라. 지금 이 시간은 일생에 한 번 오는 기회다. 지금 이 시간 감사한다면 더 많은 지지와 더 많은 도움을 끌어당길 것이고 아름다운 순간과 행복을 더 많이 불러들일 것이다.

당신이 하는 일이 무엇이든 그 일을 사랑하고, 신나는 마음으로 일하러 가야만 하며, 뭐든 미비한 지점에 안주해서는 안 된다. 현재 하는 일에 대해 좋은 느낌이 들지 않고, 그 일이 당신이 꿈꾸던 것이 아닐 수도 있다. 그렇더라도 당신이 꿈꾸는 일을 손에 얻기 위해서는 우선 현재 하는 일에 감사해야 한다.

오늘 하루 당신이 일에 대해 어떻게 생각하고 느끼는지 옆에서 기록하는, 보이지 않는 매니저가 있다고 상상하라. 당신이 어디를 가든 매니저가 손에 펜과 공책을 들고 당신을 따라다닐 것이다. 당신이 하는 일과 관련하여 감사해야 할 점을 찾을 때마다 매니저가 그 일을 기록할 것이다. 당신이 할 일은 감사하게 여겨야 할 일을 최대한 많이 찾아서 오늘 하루가 끝났을 때 매니저의 공책에 당신이 감사하게 여긴 일이 긴 목록을 이루도록 하는 것이다. 이 목록이 길수록, 보이지 않는 매니저는 돈과 일, 성공, 기회, 즐거움, 성취감에 더 많은 마법을 가져다줄 것이다.

당신이 하는 일에서 감사하게 여길 만한 일을 빠짐없이 생각해보라. 우선 당신에게 할 수 있는 일이 있다는 사실을 생각해보라! 실업자라 일만 얻을 수 있다면 *뭐든* 하려는 사람이 얼마나 많은지 생각해보라. 전화기, 프린터, 인터넷, 컴퓨터 등 당신의 업무 시간을 줄여주는 장치들을 생각해보라. 함께 일하는 사람들, 그들과 나누는 우정을 생각해보라. 안내원, 사무 보조원, 관리인, 배달원 등 당신이 편히 일하도록 해주는 사람들을 생각해보라. 월급을 받을 때 얼마나 기분 좋은지 생각해보라. 당신의 일 중에서 마음에 드는 측면을 생각해보라.

당신이 감사하게 여기는 일을 찾을 때마다 보이지 않는 매니저가 메모를 하도록 이렇게 말하라.

_____감사의 내용_____ 해주어 매우 감사합니다.

매니저가 보기에 당신이 가슴 깊이 감사한다고 생각될수록, 더 빨리 더 많은 마법이 일어나게 해줄 것이다. 어느 날 당신이 감사하는 마음을 아주 많이 불러일으킨 덕분에 순식간에 상황이 나아지는 것을 목격할 수도 있다. 행운은 우연히 일어나지 않는다. 행운이란 감사하는 마음속에 들어 있는 마법의 힘이 작용한 것이다!

주말이나 당신이 일하지 않는 날에 이번 마법의 일을 실천하게 된다면, 그다음 날의 실천으로 넘어갔다가 다시 일을 시작하는 첫날에 이 마법을 실천하라.

마법의 실천 제6번

마법의 일

1. 마법의 실천 제1번대로 당신이 누리는 축복 세어보기를 1단계부터 3단계까지 되풀이하면서 열 가지 축복 목록을 작성한다. 이 열 가지 축복이 왜 감사한지 *이유*를 쓴다. 목록을 다시 읽으면서 각 축복 내용이 끝날 때마다 *감사합니다, 감사합니다, 감사합니다*라고 말하고 그 축복에 대해 최대한 가슴 깊이 감사한다.

2. 오늘 하루 일하는 동안 옆에 보이지 않는 매니저가 당신 옆을 따라다니며 당신이 감사하게 여기는 일을 발견할 때마다 메모를 한다고 상상한다. 오늘 당신이 할 일은 감사하게 여겨야 하는 일을 최대한 많이 찾는 것이다.

3. 당신이 감사하게 여기는 일을 찾을 때마다 보이지 않는 매니저가 메모를 하도록, _____*감사의 내용*_____ 해주어 매우 감사합니다라고 말하고 최대한 가슴 깊이 감사한다.

4. 오늘 밤 잠자리에 들기 직전 한 손에 마법의 돌을 쥐고, 그날 있었던 *가장 좋은 일*에 대해 *감사합니다*라고 마법의 주문을 건다.

제7일
부정적인 상황에서 빠져 나오는 마법의 출구

"감사하는 사람은 모든 상황에서 감사한다."

바하올라(1817-1892년)
이란인으로 바하이교 창시자

　인간관계가 잘 풀리지 않거나, 경제적 압박을 받거나, 건강에 문제가 생기거나, 일에 문제가 발생하는 것과 같은 부정적인 상황은 장기간에 걸쳐 감사하는 마음이 부족한 데서 비롯된다. 삶에서 하나하나를 감사하게 여기지 않는 것은, 자기도 모르는 사이에 그런 일들을 고마운 줄 모르고 당연하게 받아들이고 있는 것이다. 이것이야말로 부정적인 상황의 주된 원인이다. 고마운 줄 모르고 당연한 것처럼 *받는다면* 이는 감사하는 마음을 *전하지* 않는 것이기에, 삶에서 마법이 더 이상 일어나지 않게 돼버린다. 다른 이에게 감사하는 마음을 전하는 것이 언제나 삶이 마법처럼 풍성해지는 결과로 이어지듯이, 고마운 줄 모르고 당연한 것처럼 받아가는 것은 언제나 삶이 쪼그라드는 결과로 이어진다.

건강이 좋을 때 건강을 감사하게 여기는가? 아니면 몸이 아프거나 다쳤을 때에만 건강에 마음을 쓰는가? 당신이 하는 일을 매일 감사하게 여기는가? 아니면 인원 감축이 있을 것이라는 소식이 들릴 때에만 일을 소중하게 여기는가? 월급을 받을 때마다 감사하게 여기는가? 아니면 고마운 마음 없이 당연한 것처럼 받는가? 모든 일이 순조로울 때 사랑하는 사람에게 감사하는 마음을 갖는가? 아니면 문제가 있을 때에만 다른 이들에게 사랑하는 사람에 관한 이야기를 하는가? 자동차가 잘 굴러갈 때 감사한 마음을 갖는가? 아니면 자동차가 고장 났을 때에만 자동차 생각을 하는가?

살아 있는 것에 매일 감사하는가? 아니면 고마운 마음 없이 당연한 것으로 여기는가?

고마운 줄 모르고 당연한 것처럼 받으면 불평이 생기고 부정적인 생각과 말이 나온다. 그리하여 불평을 하면 끌어당김의 법칙에 의해 삶에 불평거리를 더 많이 불러들이게 된다!

날씨, 교통, 상사, 배우자, 가족, 친구, 낯선 사람, 줄서기, 청구서, 경제, 비용, 회사 서비스 등에 대해 불평한다면 이는 감사하게 여기지 않는 것이며, 한 번 불평할 때마다 당신이 꿈꾸는 삶은 더 멀리 밀려난다.

이제 당신은 불평, 부정적 생각과 말, 고마운 마음 없이 당연하게 받아가는 것이 당신 삶에서 좋은 일들을 그치게 만든다는 것을 알고 있다. 또한 뭔가 잘못됐을 때 자기도 모르게 감사한 마음을 갖지 않았기 때문이라는 것도 알고 있다.

감사하는 마음이 있을 때에는 부정적인 생각을 할 수 없다. 감사하는 마음이 있을 때에는 비판하거나 탓할 수 없다. 감사하는 마음이 있을 때에는 슬프지 않으며 부정적인 기분이 들지 않는다. 무엇보다도 좋은 소식은 현재 삶에서 부정적인 상황에 놓였더라도 감사하는 마음을 활용하여 이를 다시 바꿔놓는 데 오랜 시간이 걸리지 않는다는 사실이다. 부정적인 상황은 정말 마법처럼 '펑' 하는 연기와 함께 사라질 것이다!

부정적인 상황에 처했을 때 비록 어렵더라도 감사한 일을 찾아야 한다. 상황이 아무리 나쁘더라도 감사할 일은 찾을 수 있다. 특히 감사하는 마음이 모든 부정적 상황을 마법처럼 바꿔놓을 수 있다는 것을 안다면 반드시 찾을 수 있다. 월트 디즈니는 삶 속에 있는 진정한 마법을 알고 있었다. 그는 영화 〈폴리애나〉에서 그 방법을 알려주었다.

디즈니가 1960년도에 만든 영화 〈폴리애나〉에는 '기쁨놀이'가 등장하는데, 이 놀이는 어린 시절 내게 깊은 영향을 남겼다. 나는 어린 시절과 청소년 시절 내내 이 영화에 나온 기쁨놀이를 즐겨 하곤 했다. 기쁨놀이를 할 때에는 특히 부정적인 상황에서 기뻐할 일을 최대한 많이 찾아야 한다. 부정적인 상황에서 기뻐할 일을 찾으면(또는 감사하게 여길 일을 찾으면) 해결책이 생긴다!

월트 디즈니는 〈폴리애나〉에서 감사하는 마음이 지닌 마법의 힘을 입증해 보였으며, 수천 년 전 붓다는 마법의 힘을 이용하는 법에 대해 다음과 같은 말로 입증해 보였다.

> "자리에서 일어나 감사합시다. 우리가 오늘 많은 것을 깨닫지 못했더라도 적어도 조금은 깨달았기 때문입니다. 조금도 깨닫지 못했더라도 적어도 병들지 않았기 때문입니다. 병들지 않았더라도 적어도 죽지 않았기 때문입니다. 그러므로 우리 다 같이 감사합시다."

고타마 붓다(기원전 563-483년)
불교 창시자

붓다의 말을 영감으로 삼아라. 오늘 당신의 삶에서 가장 절실히 해결되기를 원하는 한 가지 문제 또는 부정적 상황을 고른 다음 감사할 열 가지 일을 찾아라. 아마도 이 실천이 쉽지 않겠지만 붓다는 당신에게 방법을 알려주었다. 컴퓨터나 감사 일지에 열 가지 항목을 쓴다.

예를 들어 일자리를 잃은 것이 당신의 문제라고 하자. 최선을 다해 노력했음에도 당신은 여전히 실직상태다. 이 상황을 마법처럼 바꾸기 위해서는 감사하기를 집중적으로 실천해야 한다. 몇 가지 예를 들어보기로 한다.

1. 이 시기에 가족과 함께 더 많은 시간을 가질 수 있어 정말로 감사합니다.

2. 여유 시간이 생겨서 내 삶이 훨씬 정돈됐으니 감사합니다.

3. 이제껏 내게는 일이 있었고 경험을 쌓을 수 있었으니 감사합니다.

4. 실직된 것은 이번이 처음이니 진심으로 감사합니다.

5. 저기에 일자리가 있고 매일 새로운 일자리가 더 많이 생기고 있으니 감사합니다.

6. 이력서를 내고 면접을 보는 과정에서 배운 모든 것에 감사합니다.

7. 일할 수 있는 건강한 몸이 있어 감사합니다.

8. 가족의 격려와 지지에 감사합니다.

9. 휴식을 취할 수 있어 감사합니다. 내게는 휴식이 필요했습니다.

10. 일자리가 있는 것이 내게 얼마나 큰 의미인지 실직 상태에 있는 동안 깨닫게 해주어 감사합니다. 이제껏 그 사실을 깨닫지 못했습니다.

실직한 사람이 감사하는 마음을 보여주면 그 결과로 다른 상황을 불러들일 수 있고, 현재 상황은 반드시 마법처럼 달라질 것이다. 감사하는 마음은 그 어떤 부정적 상황보다도 강한 힘을 지녔으며, 부정적 상황이 바뀔 수 있는 길은 수없이 많다. 당신은 그저 감사하는 마음을 실천하면서 마법이 일어나는 것을 지켜보기만 하면 된다!

다른 예를 들어보자. 아버지와 관계가 좋지 않은 아들이 있다. 이 아들은 아무리 노력해도 아버지가 자신을 좋게 보지 않는 것 같다고 느낀다.

1. 내 삶에서 인간관계가 대체로 좋으니 감사합니다.

2. 아버지가 받지 못한 교육을 내가 받을 수 있도록 열심히 일해주신 아버지에게 감사드립니다.

3. 어린 시절 우리 가족을 부양해주신 아버지에게 감사드립니다. 우리 가족을 부양하는 데 얼마나 힘든 노동과 많은 돈이 필요한지 그때는 전혀 알지 못했습니다.

4. 어렸을 때 매주 토요일마다 농구 경기에 데려가준 아버지에게 감사드립니다.

5. 요즘은 예전에 비해 아버지가 내게 덜 엄격하니 감사합니다.

6. 아버지가 나를 많이 염려해주니 감사드립니다. 아버지가 나를 염려하지 않는다면 내게 엄하게 대하지 않았을 것입니다.

7. 아버지와의 관계를 통해 나는 내 아이들에게 연민과 더 큰 이해심을 갖게 됐으니 감사합니다.

8. 행복하고 자신감 넘치는 아이를 기르는 데 격려가 얼마나 중요한지 내게 알려준 아버지에게 감사드립니다.

9. 아버지와 함께 웃을 수 있는 시간이 정말 감사합니다. 아버지가 없어서 한 번도 그런 것을 누리지 못한 이들도 있습니

다. 또한 아버지를 잃은 사람들은 두 번 다시 아버지와 함께 웃을 수 있는 기회를 갖지 못할 것입니다.

10. 내게 아버지가 있어 정말 진심으로 감사합니다. 어려운 시기에도 아버지와 좋은 시간을 가질 수 있었고, 앞으로도 아버지와 그러한 시간을 더 많이 가질 수 있기 때문입니다.

아들이 아버지에게 진심으로 감사하는 마음을 느꼈을 때 결과적으로 부자관계를 좋게 바꿀 수 있을 것이다. 아버지에 대해 생각하고 느끼는 방식이 바뀌었으니, 아들이 아버지에게서 끌어당기는 것도 즉시 달라진다. 아들이 예전에 마음속으로 고마워하고 있었더라도 이제 아들이 보여준 감사하는 마음은 에너지와 양자 차원에서 부자관계에 마법 같은 효과를 미칠 것이다. 감사하는 마음을 계속 유지한다면 끌어당김의 법칙에 따라 아들에게는 아버지와 잘 지낼 수 있는 좋은 상황들이 생길 것이고 부자관계는 즉시 좋아지기 시작할 것이다.

잊지 마라. 감사하는 마음이 효과를 발휘하고 있다는 사실은 당신 기분을 통해 알 수 있다. 감사하는 마음을 실천하고 나면 기분이 훨씬 좋아진다. 감사하는 마음이 지닌 마법의 힘이 발휘될 때 나타나는 첫 번째 증거는 기분이 좋아지는 것이다. 그러므로 기분이 좋아질 때 당신은 상황이 나아지고 해결책이 나올 것이라는 것을 알게 된다. 부정적 상황이 해결되기를 바란다면, 기분이 좋아질 때까지 그 상황에 대해 집중적으로 감사하는 마음을 보이는 것이 해결책이다. 그러면 당신의 외부에서 마법의 경이로운 작용이 이루어지는 것을 볼 것이다.

감사 목록을 작성할 때에는 당신이 감사하는 열 가지 사항 모두 반드시 다음과 같은 양식으로 적는다.

_____해서 정말로 감사합니다.

또는, _____해서 진심으로 감사합니다.

당신이 감사하는 내용으로 문장을 시작한다. 감사하는 마음이 지닌 마법의 힘을 사용할 때 월트 디즈니가 했던 방식이 더 쉽다면 그 방식을 써도 좋다.

_____해서 정말로 기쁩니다.

이 경우에는 당신이 기뻐하는 내용으로 문장을 시작한다.

감사할 열 가지 목록을 모두 작성하고 나면 다음과 같은 문장을 덧붙임으로써, 부정적인 상황에서 빠져 나오는 마법의 출구에 대한 실천을 끝마친다.

완벽한 해결책을 주어 감사합니다. 감사합니다. 감사합니다.

그런 다음 오늘 하루 동안 부정적인 말을 한 마디도 하지 않고 지낼 수 있는지 지켜보라. 힘든 일일지 모르지만 *하루만이라도* 그렇게 할 수 있는지 지켜보라. 이렇게 하는 데에는 중요한 이유가 있다. 우리는 대부분 자신이 부정적인 말을 얼마나 많이 하는지 전혀 알지 못한다. 하지만 하루 동안 당신이 하는 말을 스스로 지켜보고 나면 알 수 있다. 부정적인 말과 생각, 그리고 불평은 부정적인 것을 더 많이 불러들인다는 것을 잊지 마라. 당신이 의식하면서 말을 한다면 말을 잠시 멈추고 당신이 하려는 말이 불러들일 결과를 정말로 원하는지 판단할 수 있다. 자신이 뭔가 부정적인 것을 말하거나 생각하는 것을 알아챘을 때 사용할 만한 마법의 생명줄이 있다. 말이나 생각을 즉시 멈추고 이렇게 말하라.

하지만 나는 _____해서 정말 감사하다고 말해야 한다.

뭐든 상관없이 당신이 감사할 내용을 넣어 문장을 완성시킨다. 이 마법의 생명줄을 간직해두었다가 필요할 때면 언제든지 꼭 움켜잡아라.

앞으로도 어떤 작은 문제나 상황이 벌어진다면, 불씨가 커져 불이 붙기 전에 잊지 말고 감사하는 마음으로 불씨를 꺼라. 그러면 당신 삶에서 마법이 불붙기 시작할 것이다!

마법의 실천 제7번

부정적인 상황에서 빠져 나오는 마법의 출구

1. 당신이 누리는 축복 세어보기. 열 가지 축복 목록을 작성한다. 이 열 가지 축복이 왜 감사한지 *이유*를 쓴다. 목록을 다시 읽으면서 각 축복 내용이 끝날 때마다 *감사합니다, 감사합니다, 감사합니다*라고 말하고 각 축복마다 최대한 진심을 담아 감사한다.

2. 가장 절실히 해결하기를 원하는 한 가지 문제 또는 부정적 상황을 고른다.

3. 그 부정적 상황과 관련하여 당신이 감사하게 여기는 **열 가지** 목록을 작성한다.

4. 목록 끝에 이렇게 쓴다.
   완벽한 해결책을 주어 감사합니다. 감사합니다. 감사합니다.

5. 오늘 하루 동안 부정적인 말을 한 마디도 하지 않고 지낼 수 있는지 지켜보라. 자신이 뭔가 부정적인 말과 생각을 한다는 것을 알아챘을 때 마법의 생명줄을 사용하라. 말이나 생각을 즉시 멈추고 이렇게 말하는 것이다.
   하지만 나는 _____ 해서 정말 감사하다고 말해야 한다.

6. 오늘 밤 잠자리에 들기 직전 한 손에 마법의 돌을 쥐고, 그날 있었던 *가장 좋은 일*에 대해 *감사합니다*라고 마법의 주문을 건다.

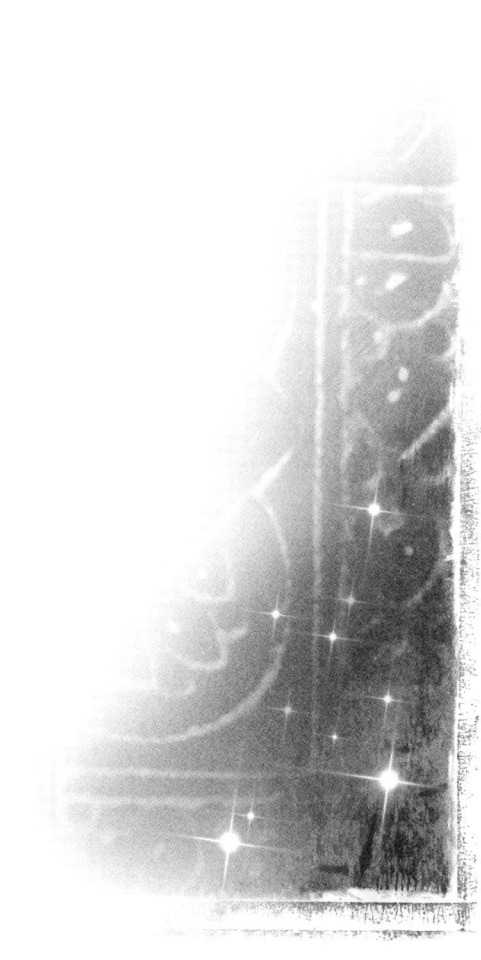

제8일
마법의 자양분

"감사하는 마음에는 언제나 축제가 열린다."

W. J. 캐머론(1879-1953년)
저널리스트이자 사업가

식사하기 전에 감사 기도를 하는 것은 고대 이집트까지 거슬러 올라가는 수천 년 동안 이어져온 전통이다. 21세기 들어 삶이 빠르게 돌아가면서, 식사 시간에 짬을 내어 감사 기도를 하는 일이 자주 뒷전으로 밀리곤 한다. 하지만 먹고 마시는 단순한 행위를 감사의 기회로 이용하면 당신 삶에서 마법이 기하급수적으로 증가할 것이다!

정말로 배고팠던 때를 떠올려보자. 정상적인 생각을 하지 못하고, 온몸에 힘이 빠지며 몸이 부들부들 떨리기도 했을 것이고, 정신이 혼미해지며 기분이 바닥으로 곤두박질치기도 했을 것이다. 단 몇 시간만 먹지 못해도 이 모든 증상이 일어난다! 살려면 먹어야 하며, 생각하고 기분 좋게 살기 위해서도 먹어야 한다. 그러므로 음식과 관련해서는 감사할 일이 *아주 많다.*

음식에 대해 더욱 고마운 마음을 느끼려면, 당신이 먹을 음식을 위해 애써준 모든 사람을 잠시 떠올려보라. 당신이 과일과 채소를 먹으려면 농부가 과일과 채소를 심고 끊임없이 물을 주면서 키워야 하고, 수확할 준비가 될 때까지 여러 달 동안 보살펴야 한다. 그러고 나서도 이를 수확하는 사람, 포장하는 사람, 유통업자가 있어야 하고 이를 차에 싣고 밤낮으로 장거리 운전을 하는 사람도 있어야 한다. 당신이 1년 내내 신선한 과일과 채소를 먹으려면 이들 모두가 완벽한 조화를 이루면서 함께 일해야 한다.

축산업자, 어부, 낙농업자, 커피나 차 재배자, 그 밖에 우리가 먹을 식품을 생산하기 위해 쉬지 않고 일하는 식품회사를 생각해보라. 세계의 식량 생산은 매일매일 벌어지는 멋진 교향악단의 협연과 같다. 또한 지구상에 있는 모든 상점, 식당, 슈퍼마켓, 카페, 비행기, 학교, 병원, 각 가정에 지속적으로 세계의 음식과 음료를 공급하는 데 관여하는 사람들의 수를 생각해본다면 이 모든 일이 잘 돌아가고 있다는 사실이 불가사의할 정도다.

음식은 선물이다! 자연의 선물이다. 자연이 우리에게 음식을 재배할 땅과 영양분, 물을 제공하지 않았다면 우리는 먹거리가 없었을 것이다. 물이 없다면 음식도, 식물도, 동물도 없고 인간의 삶도 없다. 우리는 물을 이용하여 음식을 요리하고, 먹거리를 재배하며, 정원을 가꾸고, 욕실에 물을 받고, 자동차를 움직이며, 병원을 유지하고, 광산과 제조 산업에 연료를 공급하며, 운송을 하고, 도로를 내며, 옷과 같은 지구상에 있는 모든 소비재와 기구를 만들고, 플라스틱과 유리와 금속을 만들며, 생명을 구하는 약을 제조하고, 집을 비롯한 그 밖의 건물과 구조물을 세운다. 또한 물이 있어야 우리 몸이 생명을 유지할 수 있다. 물, 물, 물, 영광스러운 물!

"이 지구상에 마법이 있다면 물 안에 들어 있을 것이다."

로렌 아이슬리(1907-1977년)
인류학자이자 자연과학 저술가

음식과 물이 없다면 우리는 어디에 있을까? 결코 이곳에 있지 못했을 것이다. 가족이나 친구, 그 누구도 여기 없었을 것이다. 우리에게 오늘도 없었을 것이고, 내일도 없을 것이다. 하지만 자연이 베풀어준 음식과 물이라는 선물 덕분에 우리는 여기 이 아름다운 지구에 함께 모여, 도전하는 삶 속에서 황홀한 기쁨을 느끼면서 살아간다! 뭔가를 먹거나 마시기 전에 *감사합니다*라고 간단한 마법의 주문을 거는 것은 음식과 물이 가져다준 기적을 인식하고 감사하는 행위다.

믿어지지 않을 만큼 놀라운 일은 당신이 음식과 물에 대해 감사할 때 이 마음이 당신 삶뿐만 아니라 세계 식량 공급에도 영향을 미친다는 점이다. 충분히 많은 사람들이 음식과 물에 대해 감사한다면, 현재 매우 궁핍한 처지에서 굶어죽는 사람에게도 실제로 도움이 될 것이다. 감사하는 마음이 아주 많이 작용하면 끌어당김의 법칙과 뉴턴의 작용 반작용 법칙에 따라, 그와 똑같은 양의 반작용이 생기고 이는 지구상에 있는 모든 사람을 위해 음식과 물이 부족한 상황을 개선시킬 것이다.

게다가 음식과 물에 대해 감사하는 마음이 *당신의* 삶에 마법을 지속하게 만들어주고, 당신이 아끼는 것, 사랑하는 사람, 꿈꾸는 모든 것을 눈부신 황금의 실로 엮어줄 것이다.

고대 사람들은 감사하는 마음으로 음식과 물에 축복을 빌면 어떤 것이라도 정화된다고 믿었다. 관찰자 효과 등 최근 양자 물리학에서 발견한 사실이나 이론으로 미루어보면 고대 사람들의 생각이 옳았던 것 같다. 양자 물리학에서 관찰자 효과란 관찰 작용으로 인해 관찰 대상에 일어나는 변화를 가리킨다. 음식과 마실 것에 집중하면서 감사할 때 이 음식과 마실 것이 정화되고 에너지 구조가 바뀌어, 당신이 먹은 모든 것이 최종적으로 당신 몸을 건강하게 만드는 효과를 끌어낸다면 어떨지 상상해보라.

감사하는 마음이 지닌 마법을 음식과 마실 것에서 즉시 경험할 수 있는 한 가지 방법이 있다. 음식이나 마실 것을 깊이 음미한다면 이것이야말로 그 진가를 알아보거나 감사하는 것이다. 다음에 당신이 무엇인가를 먹거나 마실 때, 입안에 음식이나 마실 것이 가득한 상태에서 삼키기 전에 온 마음을 맛이나 향에 집중하라. 입안에 든 음식이나 마실 것에 집중하면서 음미한다면 입안 가득 맛이 확 퍼지는 것을 느끼며, 집중하지 않을 때에는 맛이 갑자기 약해지는 것을 느낀다. 이렇게 즉시 맛이 강해지는 것은 바로 집중과 감사의 에너지 때문이다!

오늘 하루 식사든 과일이든 과자든 물을 비롯한 마실 것이든 뭔가를 먹거나 마시기 전에 당신이 먹으려 하는 대상을 잠시 바라보면서 마음속으로든, 입 밖에 소리를 내든 *감사합니다!* 라고 마법의 주문을 걸어라. 할 수 있다면 입안 가득 음식을 담고 깊이 음미하

라. 이렇게 하면 즐거움이 커질 뿐만 아니라 감사하는 마음을 더 깊이 느끼도록 도와준다.

나의 경우 감사하는 마음을 더 깊이 느낄 수 있도록 하는 행동이 있는데 당신도 한번 해보면 좋을 것이다. 나는 마법의 주문을 말할 때 음식이나 마실 것 위에서 마치 마법의 가루를 뿌리는 것처럼 손가락을 흔들고, 마법의 가루가 닿는 모든 음식을 즉시 정화시킨다고 상상한다. 이렇게 하니 감사하는 마음이 마법의 자양분이라는 것을 진심으로 느낄 수 있었고, 내가 먹고 마시는 모든 것에 이 가루를 뿌리고 싶은 마음이 들었다! 이렇게 해본 결과가 더 효과적이었다고 생각되면 당신 손에 마법의 가루 셰이커가 들려 있다고 상상하면서 당신이 이 셰이커를 흔들어 음식이나 마실 것 위에 마법의 가루를 뿌린다고 상상하라.

뭔가를 먹거나 마시기 전에 *감사합니다*라고 마법의 주문을 거는 것을 잊었다면, 생각나는 즉시 두 눈을 감고 이것을 실천하지 못했던 때로 돌아가 먹거나 마시기 전 당신의 모습을 1~2초 동안 마음속으로 그리면서 마법의 주문을 건다. 음식과 마실 것에 감사하는 일을 하루 동안 여러 차례 잊었다면 내일 다시 실천하라. 감사하는 마음을 쌓는 동안은 단 하루라도 빠뜨릴 여유가 없다. 당신의 꿈은 감사하는 마음에 달려 있기 때문이다!

음식과 물처럼 삶에서 가장 단순한 것에 감사하는 것이야말로 가장 가슴 깊숙한 곳에서 감사하는 마음을 표현하는 것이다. 이 정도로 가슴 깊이 감사하는 마음을 느낄 수 있을 때 당신은 마법이 일어나는 것을 보게 된다.

마법의 실천 제8번

마법의 자양분

1. 당신이 누리는 축복 세어보기. 열 가지 축복 목록을 작성한다. 이 열 가지 축복이 왜 감사한지 *이유*를 쓴다. 목록을 다시 읽으면서 각 축복 내용이 끝날 때마다 *감사합니다, 감사합니다, 감사합니다*라고 말하고 각 축복마다 최대한 진심을 담아 감사한다.

2. 오늘 하루 뭔가를 먹거나 마시기 전에 당신이 먹으려 하는 대상을 잠시 바라보면서 마음속으로든, 입 밖에 소리를 내든 *감사합니다!*라고 마법의 주문을 건다. 원한다면 음식과 마실 것에 마법의 가루를 뿌려도 좋다.

3. 오늘 밤 잠자리에 들기 직전 한 손에 마법의 돌을 쥐고, 그날 있었던 *가장 좋은 일*에 대해 *감사합니다*라고 마법의 주문을 건다.

제9일
돈 자석

"감사하는 마음이 있을 때에만 삶은 부유해진다."

디트리히 본회퍼(1906-1945년)
루터교 목사

감사하는 마음은 부유한 것이고 불평은 가난한 것이다. 건강이든 일이든 인간관계든 돈이든 당신의 삶 전체를 지배하는 황금률이 이것이다. 비록 돈이 많지 않아도 당신이 가진 돈을 감사하게 여길수록 더 많은 부를 얻을 것이다. 돈에 대해 불평을 많이 할수록 당신은 더욱 가난해질 것이다.

오늘 실천하게 될 마법은 사람들이 돈에 대해 불평하는 가장 커다란 이유를 감사하는 행동으로 변화시킬 것이다. 따라서 이 실천은 당신의 경제 상황을 바꿔놓을 힘이 두 배나 크다. 당신을 가난하게 만드는 불평을 감사하는 마음으로 *대신할 때* 이 감사하는 마음이 마법처럼 당신에게 부를 가져다줄 것이다.

사람들은 대부분 자신이 돈에 대해 불평하지 않는다고 생각한다. 하지만 삶에서 돈이 부족해질 때 사람들은 자기도 깨닫지 못한 채 불평한다. 말뿐만 아니라 생각 속에서도 불평이 나오는데, 사람들은 대부분 자기 머릿속에 있는 많은 생각을 의식하지 못한다. 돈과 관련된 불평, 부정적 생각, 질투, 걱정 섞인 말이나 생각은 말 그대로 가난을 낳는다. 물론 돈을 내야 할 때 가장 큰 불평이 나온다.

돈이 넉넉하지 않을 때 청구된 돈을 내는 일은 가장 어려운 일일 것이다. 낼 돈은 넉넉지 않은데 청구서가 줄줄이 이어지는 것처럼 보일지도 모른다. 하지만 청구서를 불평하는 것은 사실 돈을 불평하는 것이며, 이렇게 불평을 한다면 당신은 계속 가난 속에 살 것이다.

돈이 넉넉하지 않으면 보통 청구서에 감사하는 마음을 갖지 않는다. 하지만 사는 동안 돈을 더 많이 얻기 위해서는 *반드시* 청구서에 감사해야 한다. 부유한 삶을 살기 위해서는 돈이 들어가는 모든 것에 감사해야 하며, 청구서를 못마땅하게 여기는 것은 감사하는 마음이 아니다. 당신은 정반대로 해야 한다. 즉 당신에게 청구서를 보낸 사람에게서 얻은 상품이나 서비스에 *감사해야* 한다. 이는 매우 간단한 일이지만 당신 삶에서 돈의 영역에 어마어마한 효과를 미칠 것이다. 당신은 말 그대로 돈 자석이 될 것이다!

청구서를 감사하게 여기려면 거기 적힌 서비스나 상품을 통해 당신이 얼마나 많은 것을 얻었는지 생각해보라. 임대료나 주택담보 대출금 청구서라면 당신에게 집이 있고 거기 살고 있는 것에 감사하라. 집을 살 돈을 모두 모아 현찰로 지불해야만 그 집에서 살 수 있다면 어떻게 됐을까? 대출기관이나 임대 주택 같은 것이 없다면 어떻게 됐을까? 아마 우리 대부분은 길거리에서 살았을 것이다. 그러므로 대출기관이나 집주인에게 감사하라. 그들이 있었기에 당신이 주택이나 아파트에서 살 수 있다.

가스나 전기 이용료를 내야 한다면 당신이 누린 난방이나 냉방, 따뜻한 샤워, 그 밖에 가스나 전기 서비스 덕분에 사용할 수 있었던 온갖 기구를 생각해보라. 전화나 인터넷 이용료를 지불하는 경우, 당신이 사람들에게 할 이야기가 있을 때마다 먼 거리를 일일이 찾아가야 한다면 삶이 얼마나 힘들지 상상해보라. 인터넷이나 전화 서비스 제공자 덕분에 당신이 가족과 친구들에게 얼마나 여러 번 전화할 수 있었는지, 이메일은 얼마나 많이 보내고 받을 수 있었는지, 인터넷을 통해 얼마나 많은 정보를 곧바로 검색할 수 있었는지 생각해보라. 당신은 손만 뻗으면 이 놀라운 서비스를 이용할 수 있었다. 그러니 이 서비스를 제공한 회사에 감사하라. 그리고 당신이 돈을 내기도 *전에* 서비스를 이용할 수 있도록 당신을 믿어준 회사에 감사하라.

감사하는 마음이 지닌 엄청난 힘을 발견한 뒤로 나는 청구서의 비용을 낼 때마다 그 위에 *"감사합니다. 돈을 냈습니다."* 라고 마법의 주문을 적는 것을 단 한 번도 빠뜨린 일이 없다. 처음에는 청구서의 비용을 낼 돈이 없었지만 그래도 나는 감사하는 마음이 지닌 마법의 힘을 이용했다. 청구서에 *"돈을 주어 감사합니다."* 라고 쓴 것이다. 그리고 다음 청구서에 대해 낼 돈이 생겼을 때 *"감사합니다. 돈을 냈습니다."* 라고 썼다.

오늘 당신은 똑같은 행동을 하게 될 것이다. 아직 납부하지 않은 청구서를 골라, 감사하는 마음이 지닌 마법의 힘을 이용할 수 있도록 그 위에 "*돈을 주어 감사합니다.*"라고 적고, 청구서를 낼 돈이 있든 없든 상관없이 당신에게 그런 돈이 있다는 것에 감사하라. 대부분 온라인으로 청구서를 받고 돈을 낸다면 온라인 청구서를 받았을 때 이를 이메일로 자신에게 전달하고 제목 난에 굵은 글씨로 **돈을 주어 감사합니다**라고 적는다.

그 다음에는 당신이 예전에 낸 청구서 열 개를 찾아내어 각각 앞면에 "*감사합니다. 돈을 냈습니다.*"라고 마법의 주문을 적는다. 각 청구서에 글을 쓰는 동안 당신에게 낼 돈이 있었다는 사실에 최대한 가슴 깊이 감사하는 마음을 느낀다. 예전에 낸 청구서를 대상으로 감사하는 마음을 더 많이 활용할수록 당신은 마법과도 같이 더 많은 돈을 자석처럼 끌어당길 것이다!

오늘 이후로 청구서의 비용을 낼 때마다 당신이 그 청구서를 통해 얻은 멋진 서비스를 잠시 생각해보고 청구서 앞면에 "*감사합니다. 돈을 냈습니다.*"라고 마법의 주문을 적는다. 또한 낼 돈이 없다면 감사하는 마음이 지닌 마법의 힘을 이용하라. 청구서에 "*돈을 주어 감사합니다.*"라고 적고 정말로 낼 돈이 있어서 감사하다고 말하는 것처럼 느낀다!

당신이 낸 돈에 대해 감사하는 마음을 느끼면 더 많은 돈을 얻을 수 있을 것이다. 감사하는 마음은 자력이 있는 황금실과 같이 당신 돈에 달라붙어 있기 때문에, 당신이 돈을 낼 때마다 돈이 당신에게 돌아오며 때로는 같은 금액만큼, 때로는 10배 100배 많은 금액으로 돌아온다. 얼마나 많은 돈이 당신에게 돌아오는가는 당신이 낸 액수에 따라 달라지는 것이 아니라 당신이 감사하는 마음을 얼마나 많이 갖고 있는가에 따라 정해진다. 50달러 금액의 청구서에 돈을 낼 때 아주 많이 감사함으로써 이후 당신에게 수백 달러가 돌아오게 할 수 있다.

마법의 실천 제9번

돈 *자석*

1. 당신이 누리는 축복을 세어본다. 열 가지 축복 목록을 작성한다. 이 열 가지 축복이 왜 감사한지 *이유*를 쓴다. 목록을 다시 읽으면서 각 축복 내용이 끝날 때마다 *감사합니다, 감사합니다, 감사합니다*라고 말하고 각 축복마다 최대한 진심을 담아 감사한다.

2. 아직 내지 않은 청구서를 골라, 감사하는 마음이 지닌 마법의 힘을 이용할 수 있도록 그 위에 *"돈을 주어 감사합니다."* 라고 적는다. 낼 돈이 있든 없든 상관없이 당신에게 그런 돈이 있다는 것에 감사한다.

3. 예전에 낸 청구서 **열 개**를 찾아내어 각각 앞면에 *"감사합니다. 돈을 냈습니다."* 라고 마법의 주문을 적는다. 청구서 비용을 낼 돈이 있었다는 사실에 진심으로 감사한다!

4. 잠자리에 들기 직전 한 손에 마법의 돌을 쥐고, 오늘 있었던 *가장 좋은 일*에 대해 *감사합니다*라고 마법의 주문을 건다.

제10일
모든 이에게
마법의 가루를 뿌려라

"감사 인사를 드리는 것보다 더 급한 의무는 없다."

성 암브로시우스(340-397년)
신학자이자 가톨릭 주교

고대의 영적 가르침에서는 우리가 다른 사람에게 온 마음을 다해 베풀면 100배가 되어 우리에게 돌아온다고 말한다. 그러므로 누군가에게 받은 것이 있다면 그것이 뭐든 그 사람에게 *감사합니다*라고 말하고 감사한 마음을 갖는 것은 긴급한 일일 뿐만 아니라, 당신의 삶을 나아지게 하는 데 반드시 필요한 일이다.

감사하는 마음은 강력한 에너지다. 따라서 감사하는 마음이 지닌 에너지를 누군가를 향해 보내면 에너지가 그쪽으로 간다. 감사하는 마음이 지닌 에너지가 반짝거리는 마법의 가루처럼 생겼다고 해보자. 누군가에게 뭔가를 받았을 때 그에 대한 보답으로 감사하는 마음을 표현하려고 말 그대로 그들에게 마법의 가루를 뿌려주는 것이다! 당신이 누구에게 마법의 가루를 뿌리든 이 가루 속에 들어 있는 강력하고 긍정적인 에너지가 그들에게 닿아 영향을 미친다.

우리들 대부분은 직장이나 상점, 식당, 엘리베이터, 버스, 기차 등에서 직접 얼굴을 맞대거나 전화나 이메일로 매일 많은 사람과 접촉하고 있다. 이들은 우리의 감사를 받을 자격이 있다. 우리는 그들에게서 뭔가를 받고 있기 때문이다.

당신에게 서비스를 제공해준 사람들, 예를 들어 상점이나 식당에서 일하는 직원들, 버스나 택시 기사, 고객 서비스 직원, 환경미화원, 당신 직장의 사무직원을 떠올려보라. 서비스 업무에 종사하는 사람들은 당신을 돕기 위해 *자기 자신을 내주고* 있으며 당신은 그들의 서비스를 *받고* 있다. 그들의 서비스를 받고도 그에 대한 보답으로 *감사합니다*라고 말하지 않는다면 이는 감사하는 마음을 갖지 않는 것이고, 당신 삶에 좋은 일이 들어오는 것을 막는 것이다.

운송 시스템이 안전하게 작동하도록 관리하는 사람들, 전기나 가스, 물, 도로 등과 같은 설비 서비스를 관리하는 사람들을 떠올려라.

거리, 공중 화장실, 기차, 버스, 비행기, 병원, 식당, 슈퍼마켓, 사무실 건물을 청소하는 온 세상의 환경미화원을 떠올려라. 이들 모두에게 직접 *감사의* 인사를 드릴 수는 없지만 그들 옆을 지날 때 *감사합니다*라고 말함으로써 마법의 가루를 그들에게 뿌릴 수는 있다. 또한 다음번에 깨끗한 책상에 앉거나, 깨끗한 인도를 걸어가거나, 깨끗한 바닥을 걸을 때에도 감사하는 마음을 가질 수 있다.

　카페에 갔을 때 그곳 직원이 서빙을 하면 그 사람에게 *감사합니다*라고 말함으로써 마법의 가루를 뿌려라. 탁자를 닦든, 메뉴를 가져다주든, 주문을 받든, 잔에 물을 따라주든, 주문한 식사를 내오든, 다 먹은 음식을 치우든, 계산서를 가져다주든, 거스름돈을 내주든 꼭 잊지 말고 매번 *감사합니다*라고 말하라. 상점이나 슈퍼마켓에 갔을 때 당신에게 서비스를 제공하고 물품을 포장해주는 사람에게 *감사합니다*라고 말하면서 마법의 가루를 뿌려라.

　비행기를 탈 때 탑승 수속대 직원이나 보안 요원, 티켓을 검사하는 사람들, 비행기에 올랐을 때 반갑게 인사하는 승무원들에게 *감사합니다*라고 말함으로써 마법의 가루를 뿌려라. 비행기를 타고 가는 동안 승무원이 당신에게 기내 서비스를 제공할 때마다 *감사합니다*라고 말하라. 음식과 음료수를 내오고, 당신 접시와 쓰레기를 치워주는 것도 서비스다. 항공회사는 당신이 비행기를 이용해준 데 감사하고 기장도, 승무원도 당신에게 감사한다. 그러므로 비행기에서 내릴 때 당신도 똑같이 *그들에게* 감사하라. 또한 비행기가 이륙하고 목적지에 착륙할 때마다 *감사합니다*라고 말하라. 당신이 비행기를 타고 날 수 있다는 사실 자체가 완전한 기적이기 때문이다!

　지원부서 직원이든, 접수원이든, 매점 직원이든, 환경미화원이든, 고객 서비스 직원이든, 그 밖에 어떤 직장 동료든 당신이 하는 일을 도와주는 사람들에게 감사하라. *감사합니다!*라는 말로 그들 모두에게 마법의 가루를 뿌려라. 그들 모두 당신에게 도움을 주고 있으며, 당신에게서 지속적으로 감사를 받을 자격이 있다.

　상점 직원, 웨이터, 웨이트리스는 사람들에게 열심히 서비스를 제공한다. 그들은 다른 사람들에게 서비스하는 일을 선택했고, 손님을 상대로 서비스 일을 하다보면 고마운 마음이 없는 사람을 비롯하여 갖가지 기분 상태에 있는 사람들을 만난다. 다음번에 누군가에게 서비스를 받을 때, 그 사람이 누군가의 소중한 아들 딸이고, 다른 누구로도 대체할 수 없는 형제자매며, 아이들의 어머니나 아버지고, 사랑과 존경을 받는 배우자며 친구라는 사실을 꼭 기억하라. 그들은 당신의 친절과 인내심을 받을 자격이 있다.

　서비스직에 있는 사람 가운데 당신에게 무례하게 굴거나 당신이 마땅히 받아야 할 관심을 보여주지 않는 사람을 만나기도 한다. 이런 상황에서 감사하는 마음을 갖기는 힘든 일일지 모른다. 하지만 감사하는 마음은 다른 사람의 행동에 따라 달라지는 것이 아니다. 무슨 일이 있어도 감사하는 마음을 갖겠다고 선택하라! 어떤 일이 있어도 당신 삶에서 마법을 선택하라! 지금 접하고 있는 상대가 아주 어려운 일을 겪고 있는데, 당신이 이런 사실을 알지 못할 수도 있다. 이런 생각을 하면 감사하는 마음을 갖는 데 도움이 된다. 몸 상태가 나쁘거나, 사랑하는 사람을 얼마 전 잃었거나, 결혼생활이 파경을 맞았거나, 절망에 빠져 있거나, 삶에서 중요한 기로에 놓였을지도 모른다. 어쩌면 당신이 보여주는 감사하는 마음이 그날 그들에게 일어나는 가장 마법 같은 일이 될 수도 있다.

> "친절하라. 당신이 만나는 사람들 모두 힘겨운 싸움을 벌이는 중이다."
>
> 알렉산드리아의 필론 (기원전 약 20년-기원후 50년)
> 철학자

전화상으로 도움을 준 누군가에게 고마움을 표할 때 그냥 *감사합니다*라고만 하지 말고 당신이 고마워하는 *이유*를 상대에게 전해주라. 예를 들어 "도움을 주셔서 감사합니다." "특별히 애써주셔서 감사합니다." "저를 위해 상황을 해결해주셔서 고맙습니다. 정말 감사드립니다."라고 말하라. 간단한 일이지만 상대는 이를 통해 당신의 진심을 느낄 것이다. 그리고 당신은 상대방이 그에 대해 반응하는 것을 보고 놀라게 될 것이다.

누군가에게 직접 *감사하다*고 말할 때에는 그의 얼굴을 보라. 상대를 똑바로 바라보지 않으면 그는 당신이 감사하는 마음을 느끼지 못하거나 당신이 뿌리는 마법의 가루를 받지 못할 것이다. 허공에 대고 *감사하다*고 말하거나 시선을 아래로 내린 채 *감사하다*고 말하거나 휴대전화로 다른 사람과 통화하면서 *감사하다*고 말한다면 그 사람에게 도움을 주고 당신 자신의 삶을 바꿀 기회를 한 번 낭비한 셈이다. 왜냐하면 그런 모습은 진심으로 감사하는 인사가 아니기 때문이다.

2년 전 여동생에게 줄 선물을 사려고 한 가게에 들른 적이 있다. 나를 안내해준 상점 직원은 내가 무엇을 찾고 있는지 귀 기울여 듣더니 마치 *자기* 여동생을 위한 선물을 고르기라도 하듯 무엇이 완벽한 선물이 될지 계속 찾아주었다! 상점 직원이 예쁘게 포장한 완벽한 선물을 종이봉투에 담아 건넬 때 휴대전화가 울려 나는 전화를 받았다. 통화가 끝났을 때 상점 정문 앞에 있었는데, 문득 미진한 느낌이 밀려들어 도와주었던 상점 직원에게 즉시 돌아갔다. 그리고 그녀에게 감사하게 여기는 *이유*를 말하고 그녀가 내게 해준 모든 일에 깊이 감사한다고 말했다. 나는 감사하는 마음에 들어 있는 마법의 가루를 그녀에게 쏟아붓다시피 했다! 그녀의 눈에 눈물이 차올랐고, 그녀의 얼굴에는 지금까지 본 것 중에서 가장 환한 미소가 떠올랐다.

모든 작용에는 똑같은 크기의 반작용이 있다. *감사하다고* 말할 때 온 마음을 담아 진심으로 말한다면 상대가 느낄 것이다. 상대를 정말 기분 좋게 해줄 뿐만 아니라, 당신 스스로를 이루 말할 수 없는 행복감으로 채워줄 것이다. 그날 나는 말로 다할 수 없는 행복감을 느끼며 가게 문을 나섰다.

나는 내게 도움을 주는 사람뿐만 아니라 모든 상황에서 감사하는 마음에 들어 있는 마법의 가루를 사용한다. 딸이 차를 몰고 자기 집에 가려고 작별인사를 할 때 나는 그 애가 집까지 무사히 가도록, 딸애와 차 위에 감사하는 마음을 담아서 마법의 가루를 뿌리는 상상을 한다. 때로는 새로운 프로젝트를 시작하기 전 내 컴퓨터 위에 마법의 가루를 뿌리기도 하고, 특별히 필요한 물건을 사러 가게에 들어가기 전에 내 앞에 마법의 가루를 뿌리기도 한다. 내 딸은 운전할 때 마법의 가루를 사용하는데 다른 운전자가 스트레스를 받거나 과속하는 것처럼 보일 때 그들의 기분이 좋아지고 안전 운전을 하는 데 도움이 되도록 마법의 가루를 뿌려준다.

오늘 하루, 서비스직에 있는 사람들을 위해 감사하는 마음에 들어 있는 마법의 가루를 준비하고 다닌다. *감사합니다*라는 말로 모든 이에게 마법의 가루를 뿌릴 수 있는 기회를 최대한 놓치지 말고 찾아보라. 오늘 하루 당신이 혜택을 입은 여러 가지 서비스와 관련해서 이 서비스를 제공한 사람 최소한 열 명에게 감사하라. 그들에게 직접 감사하는 마음을 전할 기회가 있었는지 여부는 중요하지 않다. 그들의 서비스로 당신이 혜택을 입은 사실을 마음속으로 인정하기만 해도 된다. 그럴 경우에도 마법의 가루는 그들에게 닿을 것이다. 예를 들면 마음속으로 이렇게 말하라.

매일 거리의 쓰레기를 아침 일찍부터 깨끗하게 치워준 환경미화원에게 진심으로 감사합니다. 매일 시계처럼 정확하게 이루어진 이 일이 얼마나 고마운 일인지, 예전에는 미처 생각하지 못했습니다. 감사합니다.

서비스 업무에 종사하는 한 명 한 명의 사람들에게 언제 감사하는 마음을 전하고 마법의 가루를 뿌렸는지 알 수 있도록 당신이 감사한 서비스직 사람들의 수를 반드시 세라. 감사할 때 반짝거리는 마법의 가루가 그들 위로 떨어지는 모습을 상상한다면, 보이지 않는 곳에서 감사하는 마음이 지닌 힘이 실제로 어떤 일을 하는지 그림을 그릴 수 있게 된다. 마음속에 이 그림을 떠올리면, 감사하는 마음이 담긴 마법의 가루가 정말로 상대방에게 닿아 삶을 나아지게 한다는 것을 이해하고 믿을 수 있게 된다. 그리고 당신이 다른 사람에게 마법의 가루를 뿌리면, 이는 당신 자신의 삶으로 다시 돌아온다.

오늘 하루 집안에 있다면 펜과 일지를 갖고 오거나 컴퓨터를 켜고 책상에 앉아 마음속으로 시간을 거슬러 올라가면서, 서비스직에 있던 사람이 당신을 위해 특별해 애써주었던 일을 떠올린다. 전화상으로 서비스를 제공해준 사람일 수도 있고 당신을 대신해서 문제를 해결하러 나서준 자영업자일 수도 있으며, 쓰레기 수거원이나 재활용품 수거회사, 또는 동네 가게 점원일 수도 있다. 서비스직에 있는 사람이 당신에게 도움을 주었던 상황 열 가지를 목록으로 작성하고, 이들 모두에게 *감사합니다*라고 말함으로써 마법의 가루를 날려준다.

마법 메모

제11일의 실천은 아침에 맨 처음 눈을 뜬 순간부터 시작되므로 오늘 중으로 내일의 실천 내용을 읽는다.

마법의 실천 제10번

모든 이에게 마법의 가루를 뿌려라

1. 당신이 누리는 축복을 세어본다. 열 가지 축복 목록을 작성한다. 이 열 가지 축복이 왜 감사한지 *이유*를 쓴다. 목록을 다시 읽으면서 각 축복 내용이 끝날 때마다 *감사합니다, 감사합니다, 감사합니다*라고 말하고 각 축복마다 최대한 진심을 담아 감사한다.

2. 오늘 하루, 당신이 혜택을 입은 서비스와 관련하여 이 서비스를 제공한 사람 **열 명**에게 *감사합니다*라고 직접 말하거나 마음속으로 인정하고 감사함으로써 이들에게 마법의 가루를 뿌린다. 서비스를 제공해준 그들에게 감사하는 마음을 느낀다!

3. 오늘밤 잠자리에 들기 직전 한 손에 마법의 돌을 쥐고, 오늘 있었던 *가장 좋은 일*에 대해 *감사합니다*라고 마법의 주문을 건다.

4. 제11일의 실천은 아침에 맨 처음 눈을 뜬 순간부터 시작되므로 오늘 중으로 내일의 실천 내용을 읽는다.

제11일
마법의 아침

> "아침에 일어나면, 당신이 살아 있고, 생각하고, 즐기고, 사랑할 수 있는 것이 얼마나 큰 특권인지 생각하라."
>
> *마르쿠스 아우렐리우스* (121-180년)
> 로마 황제

오늘 하루를 *마법*으로 가득 채우는 가장 손쉽고 간단한 방법은 *아침*을 감사하는 마음으로 가득 채우는 것이다. 아침 일과 속에 감사하는 마음을 생활화하면 이 감사하는 마음이 가져다주는 마법의 혜택을 온종일 느끼고 볼 것이다.

아침은 감사할 기회가 가득하다. 그렇다고 아침 일과가 더뎌지는 것도 아니고, 별도의 시간이 더 필요한 것도 아니다. 늘 하던 일을 하면서 자연스럽게 감사할 수 있기 때문이다. 아침 시간을 감사하는 마음으로 가득 채우면 추가로 보너스도 생긴다. 왜냐하면 아침 일과 시간은 자신도 알지 못한 채 부정적인 생각을 함으로써 스스로를 해칠 수 있는 시간이기 때문이다. 감사할 일을 찾는 데 온 마음이 가 있으면 해로운 부정적 생각을 할 여유가 없다. 이 실천을 하고 나면, 멋진 하루가 될 것이라는 확신과 행복한 기분을 느끼면서 하루를 시작하게 된다. 그리고 이렇게 확신과 행복한 기분이 가득할 때 바로 당신의 눈앞에서 마법이 일어나는 것을 보게 될 것이다!

눈을 뜨고 새로운 하루를 맞이하는 순간, 아직 움직이기도 전에, 그 어떤 것도 하기 전에 *감사합니다*라고 마법의 주문을 걸어라. 당신이 살아 있어서, 당신에게 또 하루가 주어져서 *감사합니다*라고 말하라. 당신의 삶은 선물이다. 하루하루가 선물이다. 정말로 이 사실에 대해 생각해본다면, 우리가 잠에서 깨어 또 하루가 주어진 것을 감사하지 않는다는 것은 생각조차 할 수 없는 일이다. 새로운 하루가 그리 대단한 것이 아니라고 생각된다면 새로운 하루가 없다고 한번 생각해보라! 잠에서 덜 깨어 졸려도 상관없다. 출근 시간을 알리는 알람시계 때문에 잠에서 깨었더라도 상관없고, 주말 내내 잠을 잤더라도 상관없다. 눈을 뜨는 순간 당신 삶에 새로운 하루가 시작된 데 *감사합니다*라고 마법의 주문을 걸어라.

지난밤 편안하게 잘 잤으니 *감사합니다*라고 말하라. 시트와 베개가 있는 침대에서 잠을 잘 수 있었으니 얼마나 다행인가? *감사합니다!* 두 발이 바닥을 디딜 때 *감사합니다*라고 말하라. 욕실이 있는가? *감사합니다!* 매일 아침 수도꼭지를 틀면 곧바로 깨끗하고 신선한 물이 나오는가? *감사합니다!* 매일 아침 수도꼭지를 틀면 깨끗하고 멋진 온수가 나오도록 전국 곳곳에, 도시 곳곳에, 당신 집까지 이어지는 거리 전체에 도랑을 파고 파이프를 깔아준 모든 사람을 떠올려라. *감사합니다!* 치약과 칫솔을 집을 때에도 말하라.

감사합니다! 치약과 칫솔이 없었다면 상쾌하게 하루를 시작하지 못했을 것이다. 수건, 비누, 거울, 그 밖에 산뜻하고 맑은 정신으로 하루를 준비할 수 있게 해주는 모든 욕실 용품에 *감사합니다!*

옷을 입는 동안, 골라 입을 옷이 있어 얼마나 다행인지 생각하라, *감사합니다!* 당신이 하루 동안 걸치고 입는 갖가지 옷을 만드는 데 얼마나 많은 사람의 손길이 들어갔는지 생각해보라. 당신이 하루 동안 입을 옷은 지구 곳곳에 있는 여러 나라에서 만들었을 것이다. 그 모든 *사람들, 감사합니다!* 구두가 있는가? 다행이다! 구두 없는 삶이 어떨지 상상해보라. 구두가 있으니 감사합니다!

"아침 너머 저 어딘가에 어쩌면 작은 마법이 기다리고 있을 것이다. 그래서 나는 새로운 하루와 처음 해보는 시도와 다시 한 번 펼쳐질 시작을 기대하면서 늘 기뻤다."

J. B. 프리스틀리 (1894-1984년)
작가이자 극작가

집중적으로 감사하는 마음을 실천하고 아침 일과 속에 마법을 불어넣음으로써 오늘 하루가 최대한 좋은 날이 되게 하라. 눈을 뜬 순간부터 구두를 신을 때까지, 또는 모든 준비를 마칠 때까지 당신의 손이 닿고 당신이 사용하는 모든 것에 마음속으로 *감사합니다*라고 마법의 주문을 걸어라. 아침에 샤워를 하지 않고 가장 먼저 옷부터 입어도 상관없다. 아침 일과가 어떻게 이루어지든 이 마법의 아침 실천을 지침으로 삼아 모든 것에 이 실천을 적용하라. 아침에 일어나 식사부터 한다면 아침식사에 나온 모든 것에 손이 닿고 먹는 동안 *감사합니다*라고 마법의 주문을 걸어라. 모닝

커피, 차, 과일 주스, 아침식사에 감사하라. 이러한 음식이 있기에 당신의 아침이 그토록 즐거울 수 있고 하루를 시작할 에너지를 얻을 수 있다. 아침식사를 만드느라 사용한 주방 기구에 감사하라. 냉장고, 가스레인지, 오븐, 토스터, 커피메이커, 냄비에 감사하라.

나는 하루도 빠짐없이 매일 아침 바닥에 한 발을 내려놓을 때 "감사"라고 말하고 나머지 한 발이 바닥에 닿는 동안 "합니다"라고 말한다. 그리하여 매일 두 발 모두 처음으로 바닥에 닿았을 때 나는 이미 *감사합니다*라고 말한 상태가 된다. 욕실로 향하는 동안 한 걸음 한 걸음 옮길 때마다 마음속으로 *감사합니다*라고 마법의 주문을 건다. 그런 다음 욕실에서 이런저런 물건을 만지고 사용할 때마다 마음속으로 계속 *감사합니다*라고 말한다. 그리하여 옷을 다 입고 하루를 시작할 준비를 마쳤을 때에는 기뻐서 펄쩍 뛸 만큼 아주 행복한 기분이 된다. 그리고 그런 행복을 느낄 때, 감사하는 마음이 제 효과를 발휘했다는 것을 알고 그날 하루가 마법의 하루가 될 것이라고 확신한다. 하루를 지내는 동안 좋은 일이 연이어 일어나기 때문에 정말로 내게 마법의 힘이 있는 것 같은 기분이 든다. 또한 좋은 일이 일어날 때마다 더욱더 감사하며, 그럴수록 좋은 일이 더 많이 일어나면서 마법의 속도가 빨라진다. 모든 일이 당신을 위해 술술 풀리는 것 같은 날을 알고 있는가? 마법의 아침 실천을 하고 나면 바로 그런 상태가 된다. 아니, 그보다 몇 배나 더 멋진 상태가 된다!

마법의 실천 제11번

마법의 아침

1. 눈을 뜨고 새로운 날이 시작되자마자 바로 *감사합니다*라고 마법의 주문을 건다.

2. 눈을 뜨는 순간부터 하루의 준비를 마칠 때까지 당신이 만지고 사용하는 모든 것에 마음속으로 *감사합니다*라고 마법의 주문을 건다.

3. 당신이 누리는 축복을 세어본다. 열 가지 축복 목록을 작성한다. 이 열 가지 축복이 왜 감사한지 *이유*를 쓴다. 목록을 다시 읽으면서 각 축복 내용이 끝날 때마다 *감사합니다, 감사합니다, 감사합니다*라고 말하고 각 축복마다 최대한 진심을 담아 감사한다.

4. 오늘밤 잠자리에 들기 전 한 손에 마법의 돌을 쥐고, 오늘 있었던 *가장 좋은 일*에 대해 *감사합니다*라고 마법의 주문을 건다.

제12일
변화를 가져온 마법의 사람들

"우리 안의 불은 꺼졌지만 다른 사람의 불씨로 불이 다시 살아나는 일이 있다. 우리는 자신 안에 불꽃을 피워준 사람들에게 깊은 마음으로 감사해야 할 이유가 있다."

알베르트 슈바이처(1875-1965년)
노벨평화상 수상자, 의료 선교사이자 철학자

우리는 삶에서 가장 절실했던 도움이나 지지, 지도를 다른 이로부터 특별한 순간에 받은 적이 있다. 다른 사람이 격려나 지도를 해주거나 적어도 알맞은 때 그 자리에 있어준 것만으로도 삶의 흐름이 바뀐 적도 있다. 그 후 삶은 이어지고 우리는 누군가 우리에게 감동을 안겨주거나 우리 삶을 바꿔놓은 순간을 서서히 잊는다. 때로는 누군가에게 영향을 받은 사실을 한참 동안 깨닫지도 못하다가 어느 날 지난 시간을 돌아보면서 그 사람이 마법처럼 당신 삶을 좋은 방향으로 변화시키는 데 결정적인 역할을 했다는 사실을 깨닫기도 한다.

그 사람이 선생님이나 코치일 수도 있고 삼촌이나 고모, 형제자매, 할머니나 할아버지 등 가족 중 한 명일 수도 있다. 아니면 의사나 간호사, 절친한 친구일 수도 있다. 당신에게 배우자를 소개시켜준 사람일 수도 있고 열정적으로 빠져든 관심사를 처음 알려준 사람일 수도 있다. 어쩌면 당신이 알지도 못했던 사람인데 당신 삶에 잠시 등장하여 우연히 친절을 베푼 결과 당신 가슴 깊이 감동을 안겨주었을 수도 있다.

우리 할머니는 내게 책, 요리, 시골에 대한 사랑을 알려주었다. 할머니와 함께 이 세 가지에 대한 사랑을 나누는 동안 그 모든 것이 내 삶에 영향을 끼쳤고 내 삶의 흐름을 바꿔놓았다. 요리는 20여 년에 걸쳐 나의 열정이 됐고 책에 대한 사랑은 결국 나를 작가로 만들었으며, 시골에 대한 사랑은 내가 평생 살아온 곳에 영향을 미쳤다.

또한 우리 할머니는 나에게 *감사합니다*라고 말하라고 엄격하게 가르쳤다. 그 당시에는 할머니가 그저 예의 바르게 살라고 하는 줄 알았다. 마법의 주문을 걸라고 가르친 것이야말로 할머니가 내게 준 가장 큰 선물이라는 사실을 나중에 가서야 깨달았다. 할머니는 이제 이 세상에 없지만 나는 할머니가 내 삶의 방향에 커다란 영향을 준 것을 지금도 여전히 감사한다. *감사합니다, 할머니!*

오늘은 당신 삶에 영향을 준 마법의 사람에 대해 생각할 것이다. 오늘 하루 얼마간 혼자 있을 조용한 장소를 찾아 앉은 뒤 당신 삶에 변화를 가져온 특별한 세 사람을 떠올린다. 세 사람이 떠올랐으면 한 번에 한 사람씩, 마치 그 사람이 옆에 있는 것처럼 큰 소리로 말하면서 *왜* 당신이 그에게 감사하는지, 그가 당신의 삶에 얼마나 깊은 영향을 주었는지 이야기한다.

이 세 사람을 대상으로 마법을 실천할 때에는 반드시 일정 시간을 이어서 해야 한다. 이 실천에는 가슴 깊이 사무칠 만큼 감사하는 마음이 들어가야 하기 때문이다. 하루 동안 몇 차례로 나눠서 이 마법을 실천하면 그 정도로 깊은 감사하는 마음을 느끼지 못하거나 마법 같은 결과를 얻지 못할 것이다.

어떻게 말해야 할지 한 가지 사례를 소개한다.

사라, 마음 가는 대로 하라고 격려해주었던 것에 감사하고 싶어. 그날 나는 뭐가 뭔지 알 수 없었고 무척 혼란스러웠지. 그런데 네 말이 내게 와 닿았고 나를 절망에서 일으켜주었어. 네가 해준 말 덕분에 나는 내 꿈을 좇을 용기를 찾았고 요리사 견습생으로 일하러 프랑스로 갔지. 나는 지금 내 꿈을 이루어가고 있고 더할 나위 없이 행복해. 모두 그날 네가 내게 해준 말 덕분이야. 고마워, 사라!

왜 감사한지 이유를 말하는 것은 매우 중요하다. 말을 아무리 많이 해도 좋다. 오히려 많이 말할수록 더 깊이 느끼고 더 놀라운 결과가 나올 것이다. 이 실천을 함으로써 당신 삶에 마법이 평평 터지는 것을 볼 것이다. 이 실천은 당신이 할 수 있는 가장 강력한 감사 행위가 될 것이다.

큰 소리로 말할 상황이 아니라면 마치 편지를 쓰는 것처럼 세 사람 각자에게 글을 남겨도 좋다.

이 실천을 마치고 나면 기분이 확 달라진 것을 느낄 것이다. 감사하는 마음은 힘을 가지고 있다. 그리고 그 작용을 알려주는 맨 첫 번째 증거는 당신이 행복해지는 것이다! 감사하는 마음이 지닌 힘이 보여주는 두 번째 증거는 놀라운 일이 당신에게 찾아오는 것이다. 뿐만 아니라 감사하는 마음을 실천하고 느끼는 행복감이 또 다시 놀라운 일을 끌어들일 것이고 이로 인해 당신은 더욱 행복해진다. 이것이 삶의 마법이며, 감사하는 마음이 지닌 마법의 힘이다!

마법의 실천 제12번

변화를 가져온 마법의 사람들

1. 당신이 누리는 축복을 세어본다. 열 가지 축복 목록을 작성하고, 이 열 가지 축복이 왜 감사한지 *이유*를 쓴다. 목록을 다시 읽으면서 각 축복 내용이 끝날 때마다 *감사합니다, 감사합니다, 감사합니다*라고 말하고 각 축복마다 최대한 진심을 담아 감사한다.

2. 오늘 얼마 동안 혼자 있을 조용한 장소를 찾고, 당신 삶에 변화를 가져온 **세 사람**의 목록을 작성한다.

3. 한 번에 한 사람씩, 각 사람에게 왜 감사한지, 그가 당신 삶의 방향에 얼마나 큰 영향을 미쳤는지 사실대로 큰 소리로 말한다.

4. 오늘밤 잠들기 직전 한 손에 마법의 돌을 쥐고, 오늘 있었던 *가장 좋은 일*에 대해 *감사합니다*라고 마법의 주문을 건다.

제13일
모든 소망을 실현하라

"상상력은 진정한 마법의 양탄자다."

노먼 빈센트 필(1898-1993년)
작가

매일 매일 마법의 실천을 따라했다면 지금쯤 당신은 이제껏 삶에서 얻은 모든 것, 지금도 계속 얻고 있는 모든 것에 대해 감사하는 마음을 실천함으로써 놀라운 토대를 쌓았을 것이다. 하지만 오늘은 정말 신나는 날이다. 감사하는 마음이 지닌 마법의 힘을 이번에는 당신의 꿈과 소망을 위해 쓸 것이기 때문이다!

수백 개 토착문화에서는 그들이 원하는 것을 얻기 *전에* 정성껏 감사제를 준비하고 최대한 많은 에너지를 이 의식에 쏟아부음으로써 감사하는 전통을 오래전부터 유지해왔다. 고대부터 이집트인들은 나일 강이 지속적으로 범람할 수 있도록 나일 강의 범람을 찬양하는 의식을 가졌고, 아메리카 인디언과 호주 원주민은 춤 의식으로 기우제를 거행했고 아프리카의 여러 부족은 사냥을 떠나기 전 음식을 찬양하는 의식을 거행했다. 모든 문화와 종교에서 기도의 본질은 소망하는 것을 얻기 *전에* 감사의 기도를 드리는 데 있다.

끌어당김의 법칙에 따르면 같은 것끼리 끌어당긴다. 이는 당신이 원하는 것의 이미지 또는 똑같은 모습을 마음속에 갖고 있어야 한다는 의미다. 그런 다음 당신이 원하는 것을 끌어당기기 위해서는 당신이 원하는 것을 가졌을 때 느낄 기분과 똑같은 상태가 되도록, 당신이 그것을 가진 것처럼 느껴야 한다. 가장 쉬운 방법은 당신이 원하는 것을 얻기 *전에* 그것을 얻은 데 대해 감사하는 것이다. 예전에는 원하는 것을 얻기 위해 감사하는 마음을 활용해야겠다는 생각이 나지 않았겠지만 당신은 이제 감사하는 마음이 지닌 또 다른 마법의 힘을 알고 있다. 성경 속 구절은 이를 그대로 약속하고 있다.

"*(지금)* **감사하는 마음**이 있는 자는 *(앞으로)* 받아 넉넉하게 되리라."

좋은 일이 일어난 *뒤에야* 감사하는 것이 아니라 좋은 것을 얻기 *전에* 감사하는 마음을 가져야 한다. 사람들은 대부분 좋은 것을 얻은 뒤에 감사한다. 하지만 모든 소망을 실현하고 삶의 모든 영역을 풍요로 가득 채워 삶 전체를 바꾸기 위해서는 얻기 전에, *그리고* 얻은 뒤에 감사해야 한다.

소망을 이루기 전에 *미리* 진심으로 소망을 이룬 것을 감사하는 행위를 통해 당신은 소망을 이루고 난 이미지를 마음속에 형성하고, 소망을 이룬 기분을 느낀다. 이 이미지와 기분을 계속 마음속에 간직하고 있으면 마법처럼 당신의 소망은 이루어질 것이다. 어떻게 소망이 이루어질지 과정은 알 수 없다. 그건 당신이 알 일이 아니다. 산책하는 동안 어떻게 중력이 당신을 땅 위에 서 있게 해주는지 과정에 대해서 알려고 하는가? 당신은 산책할 때 중력의 법칙이 당신을 땅 위에 단단하게 서 있게 해줄 것이라는 사실을 알고 믿는다. 마찬가지로 당신이 원하는 것에 감사할 때 그것이 마법처럼 당신에게 찾아올 것이며 이게 우주의 법칙이라는 사실을 알고 믿어야 한다.

지금 당신이 가장 원하는 것은 무엇인가?

이 책을 시작하면서 나는 삶의 모든 영역에서 당신이 원하는 것이 무엇인지 분명하게 정해두라고 요청한 바 있다(아직 정하지 않았다면 지금 당장 정하라). 당신이 만들어놓은 목록을 보고 이번 마법의 실천에 쓸 상위 열 가지를 고르라. 돈, 건강, 가정, 인간관계 등 각기 다른 영역에서 열 가지를 골라도 좋고, 아니면 일이나 성공 등 정말 바뀌기를 바라는 한 영역에서 열 가지를 골라도 좋다. 이 실천을 통해 마법처럼 변화가 일어나는 것을 눈으로 확인할 수 있도록, 당신이 가장 원하는 것을 분명하고 구체적으로 정하라. 상위 열 가지 소망이 이루어지도록 당신이 우주와 함께 마법의 질서 상태를 만든다 상상하라. 이와 같이 하는 것이 곧 끌어당김의 법칙을 이용하는 것이다.

컴퓨터를 켜거나 종이와 일지를 들고 책상에 앉아 *상위 열 가지 소망을 이미 이룬 것처럼* 각각의 소망 목록을 다음과 같이 작성한다.

_____ 해주어 감사합니다, 감사합니다, 감사합니다!

소망을 이미 이룬 것처럼 빈칸에 소망을 적는다. 예를 들면 다음과 같다.

내가 원한 바로 그 대학에 들어가도록 시험에서 높은 성적을 거두게 해주어 감사합니다, 감사합니다, 감사합니다!

우리에게 아기가 생겼다는 엄청난 소식을 주어 감사합니다, 감사합니다, 감사합니다!

우리가 원한 모든 것이 하나도 빠짐없이 갖춰진 꿈의 집을 주어 감사합니다, 감사합니다, 감사합니다!

아버지에게서 감격스런 전화를 받고 우리 관계가 개선됐으니 감사합니다, 감사합니다, 감사합니다!

내 몸이 완전히 깨끗해졌고 다시 건강해졌다는 검사 결과가 나와 감사합니다, 감사합니다, 감사합니다!

생각지도 못했는데 꼭 유럽 여행에 필요한 액수만큼 돈이 생겨서 감사합니다, 감사합니다, 감사합니다!

이번 달 매출액이 두 배가 늘어 감사합니다, 감사합니다, 감사합니다!

멋진 아이디어를 주어 아주 큰 고객이 우리에게 왔으니 감사합니다, 감사합니다, 감사합니다!

완벽한 파트너를 주어 감사합니다, 감사합니다, 감사합니다!

힘들이지 않고 아주 편안하게 이사했으니 감사합니다, 감사합니다, 감사합니다!

감사합니다를 연달아 이어서 세 번 쓰면 강력한 효과가 생긴다. 왜냐하면 그렇게 함으로써 아무 생각 없이 말을 내뱉지 못하도록 막아주고 감사하는 마음에 더욱 집중하도록 해주기 때문이다. *감사합니다*를 세 번씩 말하는 것도 마법의 공식이다. 3이라는 숫자는 우주에서 새로운 창조가 이루어지는 숫자다. 예를 들어 한 남자와 한 여자가 만나 한 아기가 태어난다. 남자, 여자, 아기, 이렇게 셋이 새로운 창조를 완성시킨다. 우주 만물의 창조에도 똑같이 3의 법칙이 적용되며 당신이 원하는 것을 창조할 때도 마찬가지다. 그러므로 *감사합니다*를 세 번 연달아 말하면 마법의 창조 숫자와 비밀스러운 마법의 공식을 이용하게 된다!

모든 소망을 실현하기 위한 두 번째 실천 단계는 감사하는 마음이 당신의 소망에 더 깊게 흠뻑 스며들도록 하는 것이다. 오늘 중으로 아무 때나 두 번째 단계를 마무리하면 되는데, 상위 열 가지 소망 목록을 작성하는 것과 동시에 해도 좋고, 아니면 시간을 두었다가 해도 좋다.

감사하는 마음이 지닌 마법의 힘이 각 소망마다 흠뻑 스며들도록 하기 위해 우선 목록에 있는 첫 번째 소망부터 시작하여 상상력을 이용하면서 이미 소망을 이룬 것처럼 마음속으로 다음 질문에 대답한다.

1. 소망이 이루어졌을 때 어떤 느낌이었나?

2. 소망이 이루어졌을 때 이 사실을 누구에게 가장 먼저, 어떻게 말했는가?

3. 소망이 이루어졌을 때 당신이 가장 먼저 한 멋진 일은 무엇인가? 마음속으로 최대한 상세하게 그려본다.

마지막으로 소망 목록을 다시 읽으면서, 최대한 가슴 깊이 느끼도록 *감사합니다*라는 마법의 주문을 정말 힘주어 읽는다.

이제 두 번째 소망 목록으로 넘어간다. 각 소망마다 똑같은 단계를 밟으면서 열 가지 소망을 모두 마친다. 각 소망마다 적어도 1분 정도 시간을 들인다.

정말로 강력하고 재미있는 것을 해보고 싶으면 마법의 보드를 만들어 이 위에 당신의 소망 사진을 붙여도 좋다. 당신이 자주 보는 곳에 보드를 놓아두고, 사진을 오려내어 그 위에 붙인다. **감사합니다, 감사합니다, 감사합니다**라고 굵고 큰 글씨로 마법의 주문을 써서 보드에 붙여놓는다. 아니면 냉장고 문을 마법의 보드로 이용해도 좋다. 가족이 있다면 이 마법의 보드를 가족 프로젝트로 만들어도 좋다. 아이들이 무척 좋아하기 때문이다! 마법의 보드가 정말 마법 같아서, 보드 위에 어떤 사진이든 붙여놓으면 즉시 그것이 당신에게 끌려오기 시작한다고 상상하라. 지속적으로 감사하는 마음은 자석처럼 소망을 당신 삶 속으로 끌어들일 것이다.

마법의 실천 제13번

모든 소망을 실현하라

1. 당신이 누리는 축복을 세어본다. 열 가지 축복 목록을 작성하고, 이 열 가지 축복이 왜 감사한지 *이유*를 쓴다. 목록을 다시 읽으면서 각 축복 내용이 끝날 때마다 *감사합니다, 감사합니다, 감사합니다*라고 말하고 각 축복마다 최대한 진심을 담아 감사한다.

2. 컴퓨터를 켜거나 종이와 일지를 들고 책상에 앉아 상위 **열 가지** 소망 목록을 작성한다. 소망이 이미 이루어진 것처럼 각 소망 내용 뒤에 감사합니다를 세 번씩 쓴다. 예를 들면 ___*소망 내용*___ 해주어 감사합니다, 감사합니다, 감사합니다라고 쓴다.

3. 상상력을 이용하여 열 가지 소망 각각에 대해 소망을 이룬 것처럼 마음속으로 다음 질문에 답한다.

    1. 소망이 이루어졌을 때 어떤 느낌이었나?

    2. 소망이 이루어졌을 때 이 사실을 누구에게 가장 먼저, 어떻게 말했는가?

    3. 소망이 이루어졌을 때 당신이 가장 먼저 한 멋진 일은 무엇인가? 마음속으로 최대한 상세하게 그려본다.

4. 마지막으로 소망 내용이 적힌 문장을 다시 읽으면서, 최대한 가슴 깊이 느끼도록 *감사합니다*라는 마법의 주문을 정말 힘주어 읽는다.

5. 원한다면 마법의 보드를 만든다. 사진을 오려 마법의 보드에 붙이고 당신이 자주 보는 곳에 놓아둔다. 보드 맨 위에 굵고 큰 글씨체로 **감사합니다, 감사합니다, 감사합니다**라고 제목을 단다.

6. 오늘밤 잠들기 직전 한 손에 마법의 돌을 쥐고, 오늘 있었던 *가장 좋은 일*에 대해 *감사합니다*라고 마법의 주문을 건다.

제14일
마법 같은 하루를 보내라

"말 속에 압축되어 있는 의도는 마법의 힘을 지닌다."

디팩 초프라 (1946년생)
의사이자 작가

삶에서 가장 마법 같은 하루를 목격하고 경험해보고 싶다면, 그런 하루를 살기 *전에* 당신의 하루 전체에 대해 감사하면 된다! 마법 같은 하루를 보내기 위해 당신은 그저 하루의 계획을 꼼꼼하게 생각하고 이 계획대로 살기 *전에* 각 계획이 잘 되어갈 것에 대해 *감사합니다*라고 마법의 주문을 건다. 이는 가장 손쉬운 일이며 시간도 몇 분밖에 걸리지 않지만, 이것이 당신 하루에 가져다주는 변화는 믿기 힘들 정도다. 당신이 보낼 하루에 미리 감사하면 끌어당김의 법칙에 의해 마법 같은 하루가 된다. 하루가 잘 흘러갈 것에 *감사할 때* 반드시 일이 잘 풀리는 경험을 돌려받는다!

당신 자신이 그날그날의 상황에 그토록 극적인 영향을 미치는 힘을 지녔다는 사실이 믿기지 않으면 아침에 언짢거나 좋지 않은 기분으로 일어났던 때를 떠올려보라.

당신은 기분 나쁘게 그날 하루를 시작했고, 나쁜 일이 연이어 일어나더니 마침내 하루가 끝날 무렵이 됐을 때에는 정말 지독히 기분 나쁜 하루를 보냈다고 소리를 지를 것이다. 마치 기분 나쁜 하루가 우연히 생긴 것처럼. 하지만 아니다. 기분 나쁜 하루를 보낸 단 한 가지 이유는 아침부터 좋지 않은 기분을 가졌기 때문이며, 나쁜 일이 연달아 일어난 원인도 당신의 좋지 않은 기분 상태 때문이다.

아침에 좋지 않은 기분으로 일어나는 것조차 우연히 일어난 일이 아니다. 이는 당신이 미처 깨닫지도 못한 채 뭔가에 대해 부정적인 생각을 하면서 잠자리에 들었기 때문이다. 좋은 생각을 하면서 잠들도록 잠들기 직전에 마법의 돌을 실천하는 것도 바로 이런 이유 때문이다. 밤에 마법의 돌 실천, 아침에 축복 세어보기 실천, 이 두 가지를 조합하면 밤부터 아침까지 좋은 기분 상태를 유지해서 하루를 시작하기 *전부터* 좋은 기분을 느끼게 해준다.

마법 같은 하루를 보내기 위해서는 당신의 기분이 좋아야 한다. 순식간에 기분 좋은 상태로 만들어주는 것은 오로지 감사하는 마음뿐이다.

오늘 하루 당신이 하려는 계획이 여행이든, 회의든, 작업 프로젝트든, 점심이든, 운동이든, 드라이클리닝을 맡기는 일이든, 운동 경기 구경이든, 영화 구경이든, 친구를 만나는 일이든, 요가든, 집안 청소든, 등교든, 장보러 가는 일이든, 그 어떤 것이라도 좋다. 그 계획대로 오늘 하루를 살기 *전에* 각 계획이 잘 진행될 것에 대해 *감사합니다*라고 마법의 주문을 말함으로써 오늘을 마법 같은 하루로 바꾸어라. 그날 해야 할 일의 목록을 작성했다면 목록을 자세히 살펴보면서 각 일과가 잘 진행된 것에 감사하라. 이 마법의 실천을 마음속으로 하든, 종이 위에 쓰면서 하든 가장 중요한 것은 각 계획이나 활동의 결과가 도달할 수 있는 *최대치*였다고 느껴야 한다는 점이다.

마법 같은 하루를 보내기 위해 앞당겨서 감사하는 마음을 활용하면 예기치 않은 문제나 어려움이 발생하기 전에 그것들을 미리 없애준다. 마법의 실천을 많이 활용할수록 더욱 멋진 하루를 보낼 수 있을 것이고, 아주 사소한 것에서부터 매우 중요한 일에 이르기까지 당신 삶의 모든 것이 잘 풀리기 시작한다. 평탄치 않던 날이 순탄하게 지나가고, 실망스럽거나 골치 아픈 일이 일어나지 않은 채 당신의 나날들이 마법처럼 흘러가기 시작한다. 별 노력 없이, 별 근심 없이, 별 스트레스 없이, 큰 기쁨 속에서 모든 일이 마법처럼 당신에게 유리하게 진행된다.

내가 마법 같은 날을 보내기 위해 처음으로 감사하는 마음을 활용하기 시작했을 때에는 그다지 좋아하지 않은 일을 하기에 앞서 미리 감사하는 마음을 보여주었다. 내가 그리 좋아하지 않는 일 중 하나가 슈퍼마켓에 장보러 가는 일이었다. 나는 하루가 시작될 때 "손쉽고 즐겁게 장보러 가게 해주어 감사합니다."라고 마법의 주문을 외웠다. 나는 어떻게 손쉽고 즐겁게 장보러 갈지 그 방법은 전혀 몰랐지만 그런 결과를 얻을 것에 대해 내가 할 수 있는 한 최대한 가슴 깊이 감사했다.

  감사하는 마음이 지닌 마법의 힘이 발휘된 결과 나는 출입구 바로 앞에 차를 세울 수 있었고, 친구 두 명을 우연히 만났다. 한 친구는 오랫동안 보지 못한 친구였는데 우리는 쇼핑을 마친 뒤 함께 점심식사를 했다. 우연히 만난 또 한 친구는 내게 값싸면서도 정말 좋은 집안 청소용품을 알려주었다. 내가 그전부터 꼭 갖고 싶었던 청소용품이었다. 또한 장을 보는 동안 내가 시선을 어디로 돌리든 바로 눈앞에 내가 찾는 물건이 마법처럼 놓여 있었다. 필요한 모든 물품이 품절된 것 없이 다 진열대에 놓여 있었고, 줄줄이 특가판매 행사를 했으며, 기록적으로 빠른 시간 안에 쇼핑을 마치고 나서 계산대로 가려는데 새 계산대가 마련되더니 계산 직원이 나를 향해 손짓을 했다. 계산 직원이 내가 산 물품을 하나씩 계산기에 찍는 도중에 불쑥 "혹시 배터리 필요하지 않으세요?"라고 물었다. 배터리는 내가 깜빡 잊고 사지 않은 품목이었다. 장보는 일이 정말로 손쉽고 즐거웠다. 완전히 마법 같았다!

  감사하는 마음을 활용하여 마법 같은 하루를 보내기 위해 미리 앞당겨 감사하는 이 실천은 겨우 몇 분밖에 걸리지 않는다. 하지만 이 실천 하나만으로도 당신의 하루는 전혀 다른 모습으로 펼쳐질 것이다.

  마법 같은 하루를 보내려면, 눈을 뜨고 새로운 날을 시작할 때, 가령 이불에서 나오기 전이나 샤워하는 동안 또는 옷을 입는 동안 그날 해야 할 일들을 생각하면서 일 하나하나가 정말 멋지게 진행될 것에 감사를 한다. 반드시 하루를 시작할 때 일정 시간 동안 계속 실천해야 한다. 아침, 점심, 오후, 저녁, 잠자리에 들기 전까지 하루 동안 당신이 계획하고 있는 일들을 쭉 이어서 마음속으로 떠올린다. 각 계획 혹은 행사마다 마법의 주문을 걸고, 오늘 하루가 끝났을 때 *감사합니다*라고 말하는 당신 모습을 떠올리면서, 그 일들이 정말로 멋지게 진행될 것에 무한한 감사를 느낀다.

더욱 가슴 깊이 감사를 느끼는 데 도움이 되도록 마음껏 최상급을 써도 좋다. "회의가 믿을 수 없을 정도로 큰 성공을 거둔 데 대해 *감사합니다*." "전화 통화를 함으로써 놀라운 결과를 거둔 데 대해 *감사합니다*." "직장에서 최고의 하루를 보내게 해주어 *감사합니다*." "스릴 넘치는 시합을 하게 해주어 *감사합니다*." "별로 힘들이지 않고 재미있게 대청소를 할 수 있게 해주어 *감사합니다*." "친구들과 멋진 밤을 보내게 해주어 *감사합니다*." "여행을 하면서 휴식을 취할 수 있게 해주어 *감사합니다*." "운동시간을 가진 결과 놀라운 에너지가 생긴 데 대해 *감사합니다*." "그 어느 때보다 즐겁게 최고의 가족 모임을 가질 수 있게 해주어 *감사합니다*."

이 마법의 실천은 각 경험에 대해 큰 소리로 *감사합니다*라고 마법의 주문을 말할 수 있을 때 더욱 강력한 효과가 있지만 큰 소리로 말할 상황이 아니라면 마음속으로 말해도 좋다.

오늘 당신이 해야 할 과제나 행사 모든 것에 대해, 감사하는 마음이 지닌 마법의 힘을 쓰고 난 뒤에는 "그리고 오늘 내게 좋은 소식이 전해진 데 대해 감사합니다!"라고 말하면서 실천을 마무리한다. 내가 마법 같은 하루를 보내기 위해 감사하는 마음을 활용하고 나면 매일 하루도 빠짐없이 그날 내게 좋은 소식이 전해졌다. 그 결과 나는 평생을 통틀어 그보다 더 좋은 것은 없을 만큼 아주 좋은 소식을 전해 받았다. 매주, 매일 좋은 소식이 쏟아져 들어왔다! 나는 좋은 소식을 새로 받을 때마다 특별히 감사하고 흥분했다. 내가 감사하는 마음이 지닌 마법의 힘을 써서 그런 소식을 불러 들였으며 그보다 더 좋은 소식이 계속 들어올 것이라고 생각했기 때문이다. 지금까지 받았던 것보다 훨씬 더 좋은 소식을 받고 싶다면 그저 나를 따라 하기만 하면 된다.

마법의 실천 제14번

마법 같은 하루를 보내라

1. 당신이 누리는 축복을 세어본다. 열 가지 축복 목록을 작성하고, 이 열 가지 축복이 왜 감사한지 *이유*를 쓴다. 목록을 다시 읽으면서 각 축복 내용이 끝날 때마다 *감사합니다, 감사합니다, 감사합니다*라고 말하고 각 축복마다 최대한 진심을 담아 감사한다.

2. 아침 시간에 그날 하루 종일 잠자리에 들 때까지 해야 하는 계획들을 마음속으로 떠올린다. 각 계획 혹은 행사마다 그 일이 잘 진행될 것에 대해 *감사합니다*라고 마법의 주문을 건다. 오늘 하루가 끝났을 때 *감사합니다*라고 말하는 당신 모습을 떠올리면서, 그 일들이 정말로 완벽하게 진행될 것에 무한한 감사를 느낀다.

3. 오늘 하루 모든 계획이 멋지게 진행된 것에 모두 감사하고 나면 "*오늘 내게 좋은 소식을 전해주어 감사합니다!*"라고 말하면서 이 마법의 실천을 마무리한다.

4. 오늘밤 잠자러 가기 직전 한 손에 마법의 돌을 쥐고, 오늘 있었던 *가장* 좋은 일에 대해 *감사합니다*라고 마법의 주문을 건다.

제15일
마법처럼 치유되는 인간관계

　인간관계가 틀어졌거나 깨진 경우, 또는 상처 입은 마음으로 괴롭거나, 누군가에게 어떤 문제로 분노를 느끼거나 탓을 할 때에도 감사하는 마음으로 관계를 바꿀 수 있다. 감사하는 마음을 가지면 남편이나 아내, 형제나 자매, 아들이나 딸, 배우자, 상사, 사업 고객, 직장 동료, 시부모나 장인 장모, 부모, 친구, 이웃 등과의 관계에서 어떤 문제가 생겨도 마법처럼 관계를 개선시킬 수 있다.

　관계가 틀어졌거나 문제 상황이 생겼을 때 대체로 우리는 상대에게 좀처럼 감사할 수가 없다. 대신 둘 사이에 놓인 문제를 놓고 상대를 비난하느라 바쁘며, 이는 티끌만큼도 감사할 마음이 없다는 의미다. 상대를 탓하면 결코 관계가 좋아질 수 없으며 당신의 삶도 좋아지지 않는다. 사실 남을 탓하면 탓할수록 관계는 악화되고 당신의 삶도 나빠진다.

　과거의 관계든, 현재 관계든 누군가에게 나쁜 감정을 품고 있다면, 감사하는 마음을 실천함으로써 이런 감정을 없앨 수 있다. 상대에 대한 나쁜 감정을 없애고 싶은 이유가 무엇인가?

"분노를 끌어안고 있는 것은 누군가에게 던질 의도로 뜨거운 석탄을 손에 쥐고 있는 것과 같다. 화상을 입는 사람은 결국 당신이다."

고타마 붓다(기원전 563-483년)
불교 창시자

다른 사람에게 나쁜 감정을 품으면 당신 삶이 화상을 입지만, 감사하는 마음을 느끼면 나쁜 감정이 사라진다!

예를 들어 아이로 연결된 전 배우자가 있고 둘의 관계가 좋지 않을 경우 아이의 얼굴을 바라보면서 만일 전 배우자가 없었다면 이 아이도 없었을 거라는 사실을 상기하라. 아이는 당신에게 가장 소중한 선물이다. 아이를 보면서 매일 그런 아이를 준 전 배우자에게 감사함을 느껴라! 이렇게 하면 관계에 평화와 조화를 가져다줄 것이다. 그뿐만 아니라 당신이 모범을 보임으로써 아이들에게 살아가는 데 있어 가장 훌륭한 수단, 즉 감사하는 마음을 가르치게 된다.

관계가 끝나버려 큰 상심에 빠져 있거나 슬픔에 젖어 있을 경우 감사하는 마음이 지닌 마법의 힘을 이용하여 당신의 그 고통을 바꿔놓을 수 있다. 감사하는 마음은 심적 고통을 가장 빠른 시간 안에 치유하여 행복하게 만든다. 우리 부모님의 경우가 이에 대한 완벽한 사례다.

우리 어머니와 아버지는 사실 첫눈에 사랑에 빠졌다. 두 사람은 처음 만난 순간부터 서로 진심으로 감사했고 내가 이제껏 본 가장 아름다운 결혼생활을 했다.

우리 아버지가 돌아가셨을 때 당연히 어머니는 큰 슬픔에 빠져 힘들어 했다. 어머니는 몇 달간 힘든 시간을 보낸 뒤 감사하는 마음이 지닌 마법의 힘을 활용하기 시작했고 커다란 슬픔과 아픔 속에서도 감사할 일을 찾았다. 어머니는 과거의 일에서부터 시작했고 아버지와 몇 십 년 함께 사는 동안 누렸던 행복했던 멋진 시간들을 모두 떠올렸다. 그러자 어머니는 한걸음 크게 내디딜 수 있었다. 그리고 앞으로 있을 감사할 일을 찾아보았다. 어머니는 하나씩 찾아냈다. 아버지가 살아계실 때 어머니가 늘 하고 싶었지만 그럴 시간이 없었던 일을 기억하거나 찾아냈다. 이렇게 감사하는 마음으로 용기 있는 걸음을 내딛자 어머니의 꿈을 이룰 기회가 마법처럼 쏟아져 들어오기 시작했고, 어머니의 삶은 다시 행복하고 풍요로워졌다. 감사하는 마음이 지닌 마법의 힘이 어머니에게 새로운 삶을 가져다주었다.

오늘 실천할 마법에서는 당신 삶에 화상을 입히는 뜨거운 석탄을 찾아내서, 감사하는 마음을 활용하여 이 뜨거운 석탄을 말 그대로 황금으로 바꿀 것이다! 관계가 틀어졌거나 문제가 있어서 개선하고 싶은 인간관계 한 가지를 골라라. 현재 맺고 있는 관계든 아니면 과거의 일이라서 지금은 더 이상 이어지지 않는 관계든 상관없다.

당신이 고른 사람에게 감사하게 여기는 열 가지 목록을 만들어라. 관계의 역사를 되짚어보면서 그 사람과 관련된 멋진 일이나 당신이 그 관계를 통해 얻은 멋진 일들을 목록으로 적는다. 가장 손쉬운 방법은 관계가 악화되거나 끝나기 *전의* 상황으로 돌아가서 생각하는 것이다. 둘의 관계가 좋은 적이 없었다면 그 사람의 좋은 점이 무엇인지 열심히 생각해보라. 누구나 좋은 점은 있기 마련이다.

이 마법의 실천은 누가 옳고 그른가를 따지는 것이 아니다. 상대가 당신에게 어떤 짓을 했다고 느끼든, 상대가 무슨 말을 했든, 상대가 해주지 못한 것이 무엇이든 당신은 마법처럼 관계를 치유할 수 있으며, 이때 관계를 치유해줄 다른 누군가가 필요한 것도 아니다.

아무리 틀어진 관계라도 모든 관계 속에는 황금이 들어 있다. 당신의 인간관계와 삶을 풍요롭게 하기 위해서는 이 황금을 찾아내야 한다. 이 황금 덩어리를 찾아내는 동안 상대 이름과 황금의 내용을 적고 감사하는 마음으로 문장을 표현한다.

___이름___, ___고마운 일___ 해주어 감사합니다.

1. 폴, 우리가 함께 보낸 시간을 감사하게 생각해. 우리의 결혼생활은 끝났지만 나는 많은 것을 배웠고, 이제 더욱 현명한 사람이 됐어. 내가 우리 결혼생활에서 배운 점이 다른 많은 관계를 이어가는 데 도움이 되고 있어.

2. 폴, 우리 결혼생활이 잘 이루어지도록 당신이 애써준 모든 것에 감사해. 10년 동안 결혼생활을 했다는 것은 당신이 많은 노력을 했다는 의미야.

3. 폴, 당신 덕분에 우리 아이들이 생겼으니 감사해. 내가 매일 아이들을 보면서 얻는 기쁨은 당신이 없었다면 불가능했을 거야.

4. 폴, 내가 집에서 아이들을 돌보는 동안 우리 가족을 부양하기 위해 오랜 시간 동안 힘들게 일해주어 감사해. 큰 책임감이 있었기에 우리 모두 당신에게 의지할 수 있었어. 정말로 감사해.

5. 폴, 아이들이 자라는 동안 그 애들과 소중한 시간을 가질 수 있게 해준 것에 감사해. 나는 우리 아이들이 처음으로 말을 하고 걷는 것을 볼 수 있었어. 당신은 그런 기회를 누리지 못했지.

6. 폴, 내가 슬픔과 상실감으로 힘든 시간을 보낼 때 힘이 되어주어 감사해.

7. 폴, 내가 아플 때 시간을 내줘서 감사해. 당신은 최선을 다해서 나와 아이들을 보살펴주었지.

8. 폴, 당신 덕분에 멋진 시간을 가질 수 있었으니 감사해. 우리에게는 멋진 시간이 많이 있었어.

9. 폴, 여전히 아이들의 아빠로 남아주어 감사해.

10. 폴, 아이들에게 시간을 내주고 든든한 힘이 돼주어 감사해. 내게 아이들이 큰 의미를 지니듯이 당신에게도 아이들이 커다란 의미를 지닐 거야.

열 가지 감사 목록을 모두 적고 나면 상대에게, 그리고 둘의 관계에 대해 훨씬 좋은 기분이 들 것이다. 당신은 궁극적으로 상대에게 어떤 나쁜 감정도 느끼지 않은 상태에 도달하고자 한다. 그런 나쁜 감정에 의해 해를 입는 것은 *당신 삶*이기 때문이다. 인간관계는 제각기 다르다. 필요하다면 당신이 더 이상 상대에게 아무

나쁜 감정도 느끼지 않는 상태가 될 때까지 며칠 동안 이 마법을 반복해서 실천해도 좋다.

　감사하는 마음이 지닌 마법의 힘을 활용하여 현재 맺고 있는 인간관계를 개선하고자 한다면 바로 눈앞에서 관계가 기적처럼 바뀌기 시작하는 것을 목격하게 될 것이다. 오로지 한 사람과의 관계를 마법처럼 바꾸기 위해 감사하는 마음을 활용해도 결국 평생에 걸쳐 혜택을 받는 사람은 다름 아닌 당신이다.

　이제는 더 이상 이어지지 않는 과거의 관계를 고른 경우에는 당신 안에 평화와 행복이 가득 차는 것을 느낄 것이다. 아울러 당신 삶에서 현재의 다른 인간관계들도 마법처럼 개선되는 것을 목격할 수 있다.

　앞으로 관계가 어려움에 처할 경우에는 반드시 잊지 말고 이 마법을 곧바로 실천하라. 문제가 더 커지기 전에 막을 수 있을 뿐만 아니라 인간관계 속에 점점 많은 마법이 일어날 것이다!

마법의 실천 제15번

마법처럼 치유되는 인간관계

1. 당신이 누리는 축복을 세어본다. 열 가지 축복 목록을 작성하고, 이 열 가지 축복이 왜 감사한지 *이유*를 쓴다. 목록을 다시 읽으면서 각 축복 내용이 끝날 때마다 *감사합니다, 감사합니다, 감사합니다*라고 말하고 각 축복마다 최대한 진심을 담아 감사한다.

2. 관계가 틀어졌거나 문제가 있거나 깨져서 개선하고 싶은 인간관계를 **한 가지** 고른다.

3. 자리에 앉아, 당신이 고른 사람에게 감사하게 여기는 **열 가지** 목록을 만들어 다음과 같이 적는다.

    ____*이름*____, ____*고마운 일*____ 해주어 감사합니다.

4. 오늘밤 잠자러 가기 직전 한 손에 마법의 돌을 쥐고, 오늘 있었던 *가장 좋은 일*에 대해 *감사합니다*라고 마법의 주문을 건다.

제16일
마법과 기적이 일어나는 건강

"기적이 자연에 어긋나는 것이 아니라, 우리가 자연에 대해 아는 내용에 어긋나는 것이다."

성 아우구스티누스(354-430년)
신학자이자 가톨릭 주교

사람은 언제나 건강하고 활기 넘치며 행복이 가득해야 한다. 우리가 누릴 권리가 있는 완전한 건강 상태란 바로 그런 것이기 때문이다. 하지만 실제로 많은 사람은 그런 기분을 느낄 때도 있지만 그렇지 못한 때가 훨씬 많다. 병을 앓거나, 신체 기능상에 문제가 생기거나 우울증이나 다른 정신 질병으로 고통을 겪는다. 이는 모두 완전한 건강 상태가 아니다.

당신의 몸과 정신이 원래 지녀야 하는 완전한 건강 상태를 마법처럼 경험하기 위한 가장 빠른 방법이 감사하는 마음을 갖는 것이다. 우리가 목격하는 기적 같은 치유는 이전에 완전하고 완벽한 건강 상태에 미치지 못했던 사람의 몸이 완전한 건강 상태를 순식간에 회복한 결과일 뿐이다. 감사하는 마음이 건강과 몸에 기적을 만들어낸다는 사실이 믿기지 않는다면 시크릿 홈페이지 www.thesecret.tv/stories에 있는 수천 가지 기적 이야기를 읽어보라.

감사하는 마음에 들어 있는 마법의 힘이 몸과 마음에 자연스러운 건강의 흐름을 *증진시키고*, 더 빨리 치유되도록 돕는 것을 수많은 사례에서 볼 수 있다. 당신이 몸에 좋은 건강관리, 영양, 의료의 도움을 받을 생각이더라도 감사하는 마음이 지닌 마법의 힘은 이런 방법들과 조화를 이루며 작용할 것이다.

몸이 좋지 않거나 어떤 질병이 있을 때 걱정, 좌절, 두려움 등과 같은 부정적 감정을 갖는 것은 당연하다. 하지만 병에 대해 부정적 감정을 갖는다고 건강이 회복되지는 않는다. 사실은 그와 반대로 건강을 더욱 악화시킨다. 건강을 증진시키기 위해서는 부정적인 감정 대신 기분 좋은 감정을 느껴야 하며 그러기 위해서 가장 손쉬운 방법은 감사하는 것이다.

신체 외모에 대해 불만스러운 감정이나 비판적인 생각을 품는 사람도 많다. 불행하게도 이러한 생각이나 감정은 마법 같은 건강의 흐름을 저해한다. 당신 몸 가운데 마음에 들지 않는 점이 있다면 이는 몸을 감사하게 여기지 않는 것이다. 이에 대해 생각해보라. 끌어당김의 법칙에 따라 몸에 대한 불평은 더 많은 불평거리를 불러들이고 결국 몸이나 외모에 대한 불평은 당신의 건강을 위험에 빠뜨린다.

"*(건강과 몸에 대해)* **감사하는 마음**이 없는 자는 그 있는 것도 빼앗기리라."

"*(건강과 몸에 대해)* **감사하는 마음**이 있는 자는 받아 *(몸의 건강이)* 넉넉하게 되리라."

현재 당신은 몸이 아프거나 건강이 좋지 않을 수도 있고 심지어는 심한 고통을 겪고 있을지도 모른다. 하지만 이 글을 읽는다면 앞으로 지속적으로 건강이라는 선물을 받을 것이다. 아프거나 고통스러울 때 감사하는 마음을 갖는 것은 무척 힘들다. 하지만 감사하는 마음이 아무리 적더라도 있다면, 건강의 마법 같은 흐름을 강화하는 데 도움이 된다.

오늘은 마법과 기적이 일어나는 건강 실천을 행할 것이다. 이 실천은 건강과 행복을 획기적으로 증진시키기 위한 것이다. 그리고 더 빨리 결과를 볼 수 있도록 세 갈래 접근 방식을 택할 것이다.

제1단계 당신이 이제껏 누린 건강(과거)

어린 시절, 청소년기, 성인기를 거치는 동안 당신이 누린 활기찬 건강을 생각해보라. 온몸에 에너지가 가득 차고 행복했던 시절을 생각해보라. 온 세상이 내 것 같은 기분이 들던 시절의 순간 세 가지를 마음속으로 떠올린 뒤 *감사합니다*라고 마법의 주문을 걸면서 그 시절에 대해 진심 어린 감사의 마음을 느껴라. 시간을 거슬러 당신 삶에서 대단했던 순간들을 생각해보면 그런 순간 세 가지를 쉽게 찾을 것이다.

제2단계 지금까지 누리고 있는 건강(현재)

당신이 오늘도 여전히 누리고 있는 건강을 생각해보고, 현재 당신 몸속에서 원활하게 기능하고 있는 기관, 계통, 신체 감각에 감사하라. 팔, 다리, 손, 눈, 귀, 간, 신장, 뇌, 심장을 떠올려보라. 현재 건강한 상태에 있는 신체 기능 다섯 가지를 고른 뒤 각각에 대해 마음속으로 하나씩 차례대로 *감사합니다*라고 마법의 주문을 걸어라.

제3단계 앞으로 누리고 싶은 건강(미래)

오늘 행할 마법의 실천에서 당신 몸과 관련하여 개선하고 싶은 한 가지를 고르게 될 것이다. 하지만 이번에는 감사하는 마음에 들어 있는 마법의 힘을 매우 특별한 방식으로 활용할 것이다. 당신이 개선하고 싶은 대상의 *이상적인* 상태를 떠올려라. *이상적인* 상태에 감사하는 것은 이 상태를 받을 수 있도록 시동을 거는 것이다.

병을 진단받았을 때 사람들은 병에 대한 이야기를 많이 할 뿐만 아니라 병에 대해 연구하고 증상이 어떻게 악화될 수 있는지, 어떤 무서운 결과가 생길 수 있는지 정보를 수집하는 경우가 많다. 다시 말해서 관심의 초점이 온통 질병에 가 있는 것이다. 하지만 끌어당김의 법칙에 따르면 문젯거리에 온통 관심을 쏟는다고 해서 문제 자체를 없앨 수는 없다. 문젯거리에 온통 관심을 집중하면 이를 더욱 악화시킬 뿐이다. 그러므로 정반대로 건강하지 않은 신체 영역의 *이상적인* 상태로 관심의 초점을 옮기고 생각을 그쪽으로 돌려야 한다. 특정 신체 영역의 *이상적인* 상태에 감사하는 마음은 우리의 생각과 느낌을 아주 강력하게 활용하기 때문에 자석처럼 그런 이상적인 상태를 우리 쪽으로 끌어온다. 그것도 단번에!

당신이 원하는 신체 부분의 *이상적인* 상태가 당신에게 찾아온 모습을 1분 동안 마음속으로 그린다. 당신 몸이 원하는 상태로 된 모습을 마음의 눈으로 바라보면서 마치 그런 모습을 이미 누리고 있는 것처럼 감사하라.

마법처럼 신장의 건강을 회복하고 싶다면 몸의 모든 노폐물을 걸러내는 튼튼하고 건강한 신장에 감사하라. 마법처럼 혈액의 건강을 되찾고 싶다면 온몸 구석구석 산소와 영양분을 운반하는 깨끗하고 건강한 혈액에 감사하라. 마법처럼 심장의 건강을 회복하고 싶으면 모든 신체기관의 건강을 책임지는 튼튼하고 건강한 심장에 감사하라.

마법처럼 시력을 개선하고 싶다면 선명하게 보이는 시각에 감사하라. 청력을 향상하고 싶다면 또렷하게 들리는 소리에 감사하라. 유연성을 키우고 싶으면 유연하고 민첩한 몸에 감사하라. 몸무게를 줄이거나 늘리고 싶다면 우선 당신이 원하는 *이상적인* 몸무게를 생각해본 뒤 그런 *이상적인* 몸무게를 갖게 된 당신 모습을 상상하면서 마치 이미 그런 몸무게가 된 것처럼 감사하라.

당신이 개선하고 싶은 신체부위가 어디든 우선 *이상적인* 상태를 찾은 당신 모습을 상상한 다음 마치 지금 그런 상태를 누리는 것처럼 *이상적인* 상태에 감사하라.

"우리 안에 있는 자연 치유력이야말로 질병을 낫게 하는 진정한 치료자다."

히포크라테스(기원전 약 460-370년)
서양 의학의 아버지

필요하다면 마법과 기적이 일어나는 건강 실천을 매일 행해도 좋다. 하루 빨리 완전한 건강을 마법처럼 회복하거나 특정 신체 기관이 개선되기를 진심으로 원한다면 하루에 여러 차례 이 실천을 행해도 좋다. 하지만 중요한 것은 현재 건강이나 몸 상태에 대해 부정적인 생각이나 느낌이 들 때마다 당신이 원하는 *이상적인 상태*가 찾아온 모습을 마음속으로 그리고 이미 그런 상태를 누리는 것처럼 진심으로 감사함으로써 부정적인 생각이나 느낌을 몰아내야 한다는 것이다.

신체 건강을 잘 관리하는 것 이외에 건강을 보장해주는 가장 효과적인 방법이 있다면 지속적으로 건강에 감사하는 일이다.

마법의 실천 제16번

마법과 기적이 일어나는 건강

1. 당신이 누리는 축복을 세어본다. 열 가지 축복 목록을 작성하고, 이 열 가지 축복이 왜 감사한지 *이유*를 쓴다. 목록을 다시 읽으면서 각 축복 내용이 끝날 때마다 *감사합니다, 감사합니다, 감사합니다*라고 말하고 각 축복마다 최대한 진심을 담아 감사한다.

2. 지금까지 살아오는 동안 온 세상이 내 것처럼 느껴지던 시기 **세 가지**를 떠올린 뒤 그 시절에 대해 진심 어린 감사를 드린다.

3. 현재 건강한 상태에 있는 신체 기능 **다섯 가지**를 생각해보고 각각에 대해 하나씩 차례대로 감사한다.

4. 당신 몸이나 건강과 관련하여 개선하고 싶은 **한 가지**를 고른 뒤 이 한 가지의 *이상적인* 상태가 당신에게 찾아온 모습을 1분 동안 마음속으로 그린다. 그런 다음 이 *이상적인* 상태에 감사한다.

5. 오늘밤 잠자러 가기 직전 한 손에 마법의 돌을 쥐고, 오늘 있었던 *가장 좋은* 일에 대해 *감사합니다*라고 마법의 주문을 건다.

제17일
마법의 수표

"마법 같은 우주에 우연의 일치는 없으며 우연도 없다. 누군가의 의지가 정하지 않은 한 어떤 일도 일어나지 않는다."

윌리엄 S. 버로스(1914-1997년)
작가이자 시인

부정적인 상태에 놓였을 때 감사하는 마음에 들어 있는 마법의 힘을 활용하면 새로운 상태가 만들어지면서 과거의 상태가 사라진다. 다시 말해서 돈이 부족하다고 느끼는 대신 돈에 감사한 마음을 느끼는 지점에 도달했을 때 새로운 상태가 만들어지면서 돈이 부족한 상태가 사라지고 그 자리에 돈이 생긴다.

돈에 대한 모든 나쁜 감정은 당신을 돈과 멀어지게 하며 당신 삶에서 돈이 줄어들게 만든다. 돈에 대해 좋지 않은 기분을 느낄 때마다 조금씩 돈이 줄어든다. 돈에 대해 질투, 실망, 걱정, 두려움 등을 느낀다면 돈을 얻을 수 없다. 끌어당김의 법칙에 따르면 같은 것끼리 끌어당긴다. 그러므로 돈이 넉넉하지 않다고 실망하면, 돈이 넉넉하지 않은 실망스런 상황을 불러들인다. 돈 걱정을 하면 돈에 대해 걱정하는 상황을 더 불러들인다. 재정 상태에 두려움을 느끼면 계속해서 재정 상태에 두려움을 느끼게 되는 상황을 불러들인다.

아무리 어렵더라도 현재 당신이 처해 있는 상황이나 돈이 부족한 상태를 무시해야 하며, 그러기 위한 가장 확실한 방법은 감사하는 마음이다. 돈에 대해 감사하면서 동시에 돈에 대해 절망할 수는 없다. 돈에 대해 감사하면서 동시에 돈에 대해 걱정할 수는 없다. 돈에 대해 두려워하면서 동시에 돈에 대해 감사한 마음을 느낄 수는 없다. 돈에 대해 감사하는 마음을 가진다면 당신을 돈과 멀어지게 만드는 부정적인 생각과 감정을 멈출 수 있을 뿐만 아니라 그 마음은 당신에게 돈을 불러들이게 된다!

앞에서 당신은 과거에 받은 돈과 지금도 계속 받고 있는 돈에 대해서 감사하는 마음을 실천한 바 있다. 그러므로 감사하는 마음에 들어 있는 마법의 힘을 활용하여 당신이 원하는 돈을 얻으려면 당신 삶에 돈이나 부가 들어오는 여러 가지 방법과 경로를 알고 있어야 한다. 돈이나 부가 늘어날 때마다 감사하지 않으면 당신에게로 들어오는 풍요의 흐름이 끊기기 때문이다.

생각지도 못한 수표, 연봉 인상, 복권 당첨, 세금 환급, 기대하지 않았던 선물 등을 통해 당신에게 돈이 들어온다. 누군가 나서서 커피나 점심, 저녁 값을 냈을 때, 사려는 물품이 있었는데 이 물품의 할인 행사가 있다는 것을 알았을 때, 물건 구매에 따른 사은 보너스 행사가 있을 때, 당신이 필요해서 사야 하는 물품을 누군가에게 선물로 받았을 때 당신의 돈은 늘어난다. 이러한 상황들은 결국 당신에게 돈이 생기는 결과를 가져온 것이다! 그러므로 이러한 상황이 벌어질 때마다 스스로에게 지금 이 상황이 당신에게 돈이 들어오는 상황인지 물어보라. 만약 그렇다면 그 상황을 통해 당신이 받고 있는 돈에 대해 감사하는 마음을 가져야 하기 때문이다!

당신이 사야 할 물건이 있다고 친구에게 말했더니 그 친구가 쓰지 않는 게 있다면서 바로 그 물건을 주었을 때, 여행 갈 계획이 있었는데 특별 할인 행사가 있다는 소식을 들었을 때, 당신이 거래하는 금융기관이 대출이자율을 낮췄을 때, 서비스 제공업체에서 좋은 패키지 상품을 제안했을 때 마법처럼 돈이 절약되어서 돈이 늘어났다. 당신에게 돈이 들어오는 무수한 상황이 이해되는가?

이처럼 돈이 들어오는 상황을 당신이 깨닫지 못했다 해도, 그런 상황들은 당신 스스로 끌어당겨서 일어난 것이다. 감사하는 마음을 생활방식으로 삼는다면 이런 마법 같은 상황을 언제나 끌어당길 수 있을 것이다! 이를 행운이라고 부르는 사람이 많지만 이는 결코 행운이 아니다. 이는 보편적인 법칙이다.

당신에게 돈이 생기거나, 돈 주고 사야 할 것을 얻는다면 이는 모두 *당신이* 감사한 결과다. 당신 스스로 얻은 것임을 알게 되면 큰 기쁨을 느낄 것이고, 이 기쁨과 감사의 마음을 함께 느끼면 진정 마법의 힘이 생겨 더욱 더 많은 풍요로움을 계속 끌어당기게 된다.

몇 년 전 나는 가방 두 개만 들고 미국에 왔다. 허름한 아파트에서 컴퓨터를 무릎에 얹어놓고 작업했으며, 차도 없어서 거의 모든 곳을 걸어 다녔다. 하지만 나는 그 모든 것에 감사했다. 미국에 온 것을 감사하게 여겼고, 내가 하는 일에 감사했으며, 접시 네 개, 나이프 네 개, 포크 네 개, 숟가락 네 개가 있는 허름한 아파트에 감사했다. 많은 장소를 걸어서 갈 수 있는 것에 감사했다. 바로 건너편에 택시 승강장이 있는 것에 감사했다. 그러자 믿기 힘든 일이 벌어졌다. 내가 아는 한 사람이 몇 달 동안 내게 자동차와 운전기사를 선물로 주겠다고 했다. 컴퓨터 말고는 생존에 꼭 필요한 아주 기본적인 물품만 갖고 살고 있었는데 갑자기 내 전용 자동차와 운전기사가 생긴 것이다! 나는 감사했고, 그래서 더 많이 받았다. 감사하는 마음이 있으면 바로 이런 모습으로 마법이 일어난다.

　오늘 당신은 원하는 돈을 얻기 위한 마법을 실천하게 되는데 이 실천은 많은 사람에게 놀라운 결과를 가져다주었다. 이 실천 내용 끝에 가면 우주 감사 은행에서 보낸 마법의 백지 수표가 있다. 당신은 이 마법의 수표를 자신의 앞으로 작성할 것이다. 당신 이름, 오늘 날짜, 받고 싶은 액수를 수표에 적어라. 정말로 원하는 한 가지를 얻는 데 필요한 액수를 구체적으로 적어라. 어디에 돈을 쓸지 알 때 그 돈에 대해 더욱 가슴 깊이 감사하는 마음을 느낄 수 있기 때문이다. 돈은 당신이 원하는 것을 얻기 위한 수단이지, 최종적인 결과가 아니다. 그러므로 돈 그 자체만을 생각한다면 그만큼 가슴 깊이 감사하는 마음을 느낄 수 없다. 정말로 원하는 것을 얻게 된다고 상상할 때, 또는 정말로 하고 싶은 것을 하게 된다고 상상할 때 그저 돈에 대해 감사하는 경우보다 훨씬 가슴 깊이 감사할 수 있다.

책에 실린 마법의 수표를 사진을 찍거나 스캔해도 좋다. 또한 시크릿 홈페이지(www.thesecret.tv/magiccheck)에 가면 마법의 백지 수표를 많이 얻을 수 있다.

첫 번째 마법의 수표에서 비교적 적은 금액으로 시작해서 이 돈을 얻고 난 뒤 다음 수표에서 금액을 늘려가도 된다. 적은 액수로 시작할 때 얻는 이점이 있다. 이 금액을 마법처럼 얻었을 때 당신이 스스로 해냈다는 것을 알 수 있다는 점, 감사하는 마음에 들어 있는 마법의 힘이 효과를 발휘했다는 것을 분명하게 알게 된다는 점, 감사하는 마음과 기쁨을 느끼는 동안 더 큰 금액도 생길 수 있다는 믿음이 생긴다는 점이 바로 그 이점이다.

마법의 수표에 세부 내용을 적고 나면 수표를 손에 쥐고 그 돈으로 얻으려는 구체적인 것을 생각한다. 마음속에 그림을 그리면서, 당신이 실제로 그 돈으로 원하는 것을 사는 장면을 그리면서 최대한 가슴 깊이 흥분과 감사하는 마음을 느낀다.

그 돈으로 새 구두를 사고 싶은 사람도 있고 컴퓨터나 새 침대를 사고 싶은 사람도 있다. 그러므로 실제로 매장에 가서 원하는 것을 사는 모습을 그린다. 원하는 것을 온라인으로 구입할 경우에는 흥분과 감사하는 마음을 느낄 수 있도록 택배를 통해 직접 물건을 받는 장면을 그려본다. 해외여행을 하기 위한 돈이나 자녀 교육비를 원하는 경우도 있다. 그렇다면 비행기 티켓을 사거나 대학교 계좌를 개설하는 모습을 상상하라. 그런 다음 실제로 얻은 것처럼 최대한 가슴 깊이 행복함과 감사하는 마음을 느껴라!

이 단계를 모두 마친 다음에는 오늘 하루 마법의 수표를 가지고 다니거나 당신이 자주 보는 곳에 놓아둔다. 오늘 하루 적어도 두 번 이상 마법의 수표를 손에 들고 당신이 원하는 것을 얻기 위해 실제로 돈을 쓰는 당신 모습을 그려보고, 가능한 한 가슴 깊이 흥분과 감사하는 마음을 느껴라. 원하면 하루에 여러 번 해도 좋다. 다른 마법의 실천에서와 마찬가지로 이 실천 역시 많이 행할수록 좋다.

오늘이 지나면 마법의 수표를 원래 있던 장소에 계속 두거나 아니면 당신이 매일 볼 수 있도록 눈에 띄는 다른 장소로 옮겨 놓아둔다. 욕실 거울이나 냉장고 문에 붙여두어도 좋고 마법의 돌 밑에 놓아두거나 자동차 안, 지갑에 넣어두어도 좋으며, 컴퓨터 바탕 화면에 깔 수도 있다. 어느 때고 마법의 수표를 볼 때면 그 돈을 이미 받은 것처럼 느끼며, 원하는 것을 얻거나 원하는 일을 하게 된 것에 감사하라.

마법의 수표에 기재한 금액만큼 돈을 받았거나 또 다른 마법 같은 방법으로 당신이 사고 싶던 물품을 얻었다면 당신이 정말로 원하는 또 다른 것을 얻도록 새로운 금액이 적힌 수표로 바꾼 뒤 당신이 원하는 기간만큼 마법의 수표를 계속 실천한다.

마법의 실천 제17번

마법의 수표

1. 당신이 누리는 축복을 세어본다. 열 가지 축복 목록을 작성하고, 이 열 가지 축복이 왜 감사한지 *이유*를 쓴다. 목록을 다시 읽으면서 각 축복 내용이 끝날 때마다 *감사합니다, 감사합니다, 감사합니다*라고 말하고 각 축복마다 최대한 진심을 담아 감사한다.

2. 마법의 수표에 당신이 원하는 액수와 함께 당신 이름, 오늘 날짜를 적는다.

3. 마법의 수표를 손에 쥐고 당신이 원하는 구체적 물품을 구입하는 모습을 상상한다. 당신이 그것을 이미 얻은 것에 최대한 가슴 깊이 감사하고 행복을 느낀다.

4. 오늘 하루 마법의 수표를 가지고 다니거나 당신이 자주 보는 장소에 놓아둔다. 적어도 **두 번** 이상 이 수표를 손에 쥔 다음 이 수표로 당신이 원하는 것을 구입하는 모습을 그리고, 당신이 정말로 구입한 것처럼 최대한 가슴 깊이 감사하는 마음을 느낀다.

5. 오늘이 끝나면 당신이 앞으로 매일 볼 수 있도록 눈에 띄는 장소에 마법의 수표를 놓아둔다. 수표에 적힌 금액만큼 돈을 받았거나 그 돈으로 사고자 했던 물품을 얻었다면 당신이 원하는 또 다른 물품의 금액이 적힌 수표로 교체한 뒤 2단계에서 4단계까지 되풀이한다.

6. 오늘밤 잠자러 가기 직전 한 손에 마법의 돌을 쥐고, 오늘 있었던 *가장 좋은* 일에 대해 *감사합니다*라고 마법의 주문을 건다.

제17일 마법의 수표 181

마법의 수표를 사진으로 찍거나 스캔한 다음, 날짜와 당신 이름을 적고, 당신이 선택한 화폐로 받고 싶은 금액을 적는다.

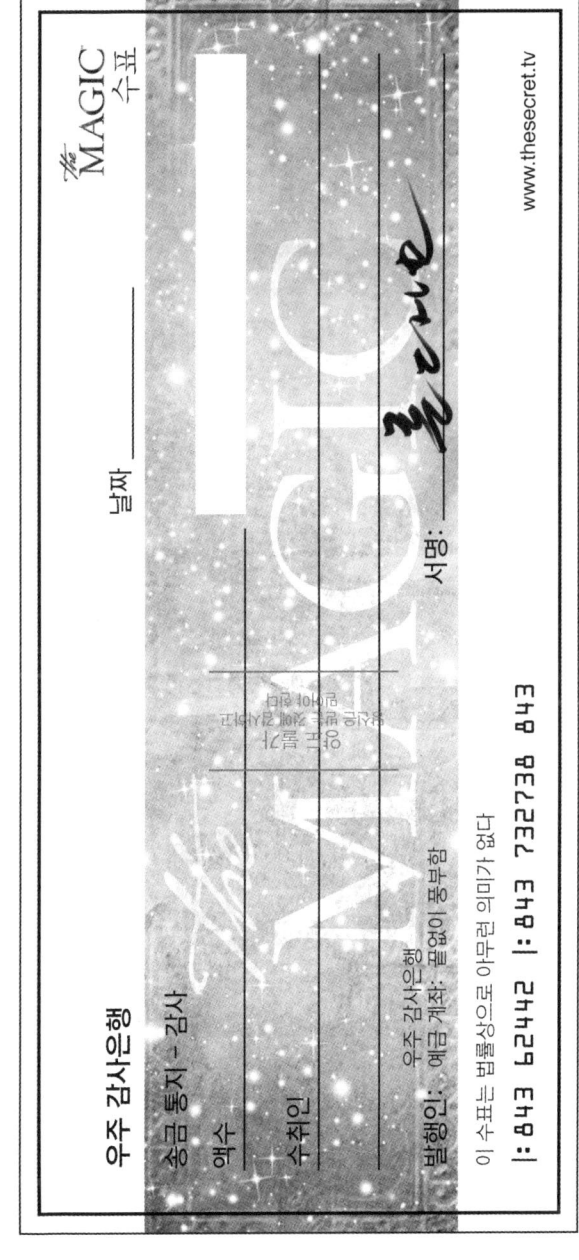

제18일
마법의 일 처리 목록

"우리가 날카로운 기지를 발휘해주기를 기다리는 마법 같은 일이 세상에 가득하다."

이든 필포츠(1862-1960년)
소설가이자 시인

생각해보면 감사하는 마음은 당신의 절친한 친구다. 언제나 당신을 지켜주며, 언제든지 찾아와 당신을 도와주고, 결코 당신의 기대를 저버리거나 실망시키지 않으며, 당신이 의지할수록 더욱 당신을 도와주고 당신의 삶을 더욱 풍요롭게 해준다. 오늘 행할 마법의 실천에서는 감사하는 마음이 당신을 *위해* 마법 같은 일을 더 많이 해줄 수 있도록, 감사하는 마음에 더욱 의지할 수 있는 방법을 알려줄 것이다.

매일매일 해결되어야 하는 작은 문제들이 생긴다. 어떻게 해결할지 몰라서 상황에 짓눌리는 기분이 들기도 한다. 해야 하는 일은 많은데 시간이 부족해서 문제일 때도 있다. 하루가 24시간밖에 되지 않기 때문에 어찌해야 할 바를 모를 수도 있다. 산더미 같은 일에 짓눌리는 기분이 들고 자유 시간을 갖고 싶어도 방법을 도무지 모를 때도 있다. 집에서 아이들을 돌보느라 파김치가 되지만, 어디선가 도움을 얻어서 잠시라도 쉴 방법을 모를 때도 있다. 해결할 문제가 있지만 어떻게 해결할지 방법을 전혀 알지 못할 수도 있다. 뭔가 잃어버려 최선을 다해 찾고 있지만 운이 따르지 않을 수도 있다. 혹은 완벽한 애완동물이나 베이비시터, 실력 있는 미용사, 훌륭한 치과의사나 의사를 찾기 위해 최선을 다해 노력해도 당신이 필요로 하는 대상을 찾지 못할 수도 있다. 누군가 당신에게 부탁한 일 때문에 기분이 언짢지만 상대에게 뭐라고 해야 할지 알 수 없을 때도 있다. 혹은 누군가와 문제를 토론했는데 이후 문제가 해결되기는커녕 악화되는 것처럼 여겨질 때도 있다.

마법의 일 처리 실천은 당신에게 작은 일상적 문제가 있지만 어떻게 해야 할지 모를 때, 또는 누군가 당신을 위해 일을 처리해 주기를 원할 때 도움이 된다. 아마 그 결과에 무척 놀랄 것이다!

감사하는 마음이 지닌 마법의 힘과 끌어당김의 법칙을 결합하면 사람, 상황, 일이 재정렬되어, 당신이 처리되기를 원하는 일이 당신을 *위해* 처리된다! 어떻게 그런 일이 일어나는지, 어떻게 당신을 위해 일이 처리되는지 당신은 알지 못하며 당신이 알 필요도 없다. 당신은 그저 지금 바로 처리되기를 원하는 일이 처리된 것처럼 최대한 가슴 깊이 감사하기만 하면 된다. 그런 다음 마법이 이루어지도록 놔두라!

오늘은 당신을 *위해* 처리되거나 해결되기를 바라는 가장 중요한 문제의 일 처리 목록을 만든 뒤 마법의 일 처리라고 제목을 붙인다. 아주 사소한 일상의 일에서부터 삶에서의 더 큰 상황에 이르기까지 현재 처한 곤란한 일과 함께, 할 시간이 없거나 하고 싶지 않은 일을 목록에 적어라. 당신을 위해 누군가 처리하거나 해결해야 하는 삶의 각 영역을 꼼꼼하게 생각해보라.

목록을 다 작성하고 나면 거기에서 오늘 중점적으로 해야 할 세 가지 일을 고른 다음 한 번에 한 가지씩 당신을 *위해* 마법처럼 일이 처리됐다고 상상하라. 사람, 상황, 사건이 모두 당신을 위해 이 일을 처리하도록 움직여주었으며 이제 처리됐다고 상상하라! 당신을 위해 모두 처리되고, 모두 정리됐으며, 모두 해결됐고, 당신은 이제 이 일이 처리된 데 대한 보답으로 크나큰 감사를 드리고 있다. 한 항목당 최소한 1분 동안 시간을 내어 이 일이 처리됐다고 믿으면서, 그에 대한 보답으로 크나큰 감사의 마음을 느낀다. 따로 시간을 내어 목록에 적힌 나머지 일에 대해서도 이렇게 실천해도 좋다. 하지만 마법의 일 처리 목록에 당신이 원하는 일을 적어 넣기만 해도 힘을 발휘한다.

끌어당김의 법칙에 따르면 "같은 것끼리 끌어당긴다." 이는 곧 당신에게 해결책이 있는 것처럼 감사한다면, 상황을 해결하는 데 필요한 모든 것을 당신 삶으로 끌어당긴다는 의미다. 문젯거리에 온통 관심을 두면 더 많은 문젯거리를 끌어당긴다. 당신은 해결책을 끌어당기는 자석이 되어야 하지, 문젯거리를 끌어당기는 자석이 되어서는 안 된다. 당신에게 해결책이 있고 일이 해결된 것에 감사하면 해결책을 끌어당기게 된다.

이 마법의 실천이 얼마나 강력한 힘을 지니는지 보여주기 위해 내 딸 이야기를 들려주고 싶다. 내 딸은 이 실천을 활용하여 잃어버린 지갑이 다시 돌아오도록 끌어당겼다.

어느 날 밤 외출하고 돌아온 딸은 다음날 아침 지갑이 없어진 것을 깨달았다. 어디서 잃어버렸는지, 혹시 누가 훔쳐간 것은 아닌지 전혀 생각나지 않았다. 딸은 저녁식사를 하러 간 식당에 전화를 했고 집에 올 때 타고 온 택시 회사에도, 경찰서에도 전화를 했으며, 길거리를 찾아보고 주변 집에도 물어보았다. 하지만 딸의 지갑을 본 사람은 아무도 없었다.

현금카드, 신용카드, 운전면허증, 현금 등 일반적인 귀중품이 들어 있는 것도 문제였지만, 그녀의 가장 큰 걱정은 내 딸이 해외에 있다가 왔기 때문에 주운 사람이 연락할 만한 연락처 정보가 지갑에 들어 있지 않다는 사실이었다. 딸은 전화번호도 공개적으로 등록해놓지 않았고, 흔한 성 하나밖에 없는 상태이니 그녀에게 연락해올 희망이 없었다.

하지만 이 장애들이 도저히 해결될 것처럼 보이지 않는데도 딸은 자리에 앉아 두 눈을 감은 뒤 마음속에 지갑을 그렸다. 손에 지갑을 쥐고 있으며 열어 안의 내용물을 샅샅이 살피는 모습을 마음속으로 그렸다. 또한 손에 지갑이 있고 안의 내용물이 고스란히 딸의 손에 돌아온 것에 크나큰 감사를 드렸다.

그날 남은 시간 동안 딸은 생각날 때마다 자기 손에 지갑이 있다고 상상했고 지갑이 다시 그녀에게 돌아온 것에 크나큰 감사와 기쁨을 느꼈다.

그날 밤 딸은 150킬로미터나 떨어진 곳에 사는 어떤 농부에게서 지갑을 갖고 있다는 전화를 받았다. 이 이야기에서 특이한 점은 이 농부가 아침 일찍 딸의 집 부근 길에서 지갑을 발견했으며 연락처를 찾기 위해 지갑을 뒤졌다는 사실이다. 농부는 지갑 주인을 찾기 위해 몇 군데 전화를 해보았지만 소용이 없었다. 그래서 포기한 뒤 지갑을 들고 차를 운전해서 집으로 돌아갔다.

하지만 농부는 농장을 걷는 동안 자꾸 지갑이 마음에 걸렸다. 그래서 마지막으로 한 번만 더 지갑을 꼼꼼히 살펴보기로 했다. 농부는 지갑 안에서 남자의 세례명이 적힌 작은 종잇조각을 찾았고 내 딸의 성과 남자의 세례명을 합쳐 전화번호 안내에 전화를 걸었다. 그 세례명과 성을 합친 이름으로 등록된 번호가 딱 하나 있었다. 농부는 그 번호로 전화를 했고 그 번호는 이혼한 전남편이자 내 딸의 아버지 집 번호였다. 오늘까지도 우리는 농부가 어떻게 그 번호를 얻었는지 모르겠다. 그 번호는 공개적으로 등록되지 않은 번호였기 때문이다! 이 일이 있은 뒤 우리가 직접 전화번호 안내에 몇 차례 문의해봤지만 대답은 언제나 똑같았다. "죄송합니다. 그 이름으로 등록된 번호가 없습니다."

150킬로미터나 떨어진 곳에서, 얼핏 보기에는 도저히 있을 수 없는 사건이 신기하게도 계속해서 일어나 마침내 내 딸의 지갑이 고스란히 딸에게 돌아왔다. 내 딸은 지갑을 찾은 것에 감사하는 실천을 통해 자기 몫의 역할을 했고, 늘 그렇듯이 감사하는 마음은 마법을 발휘하여 모든 사람과 상황, 사건을 움직여 지갑을 내 딸에게 돌려주었다.

우리는 언제든지 감사하는 마음에 들어 있는 마법의 힘을 활용할 수 있으며 지금까지도 늘 그래왔다. 당신 스스로 그 힘을 찾아내고 활용하는 법을 배우기만 하면 되는 것이다!

마법의 실천 제18번

마법의 일 처리 목록

1. 당신이 누리는 축복을 세어본다. 열 가지 축복 목록을 작성하고, 이 열 가지 축복이 왜 감사한지 *이유*를 쓴다. 목록을 다시 읽으면서 각 축복 내용이 끝날 때마다 *감사합니다, 감사합니다, 감사합니다*라고 말하고 각 축복마다 최대한 진심을 담아 감사한다.

2. 꼭 처리되거나 해결되어야 할 문제나 중요한 일의 목록을 작성한다. 이 목록에 *마법의 일 처리 목록*이라고 제목을 붙인다.

3. 이 목록에서 가장 중요한 **세 가지** 항목을 고른다. 한 번에 한 가지씩, 당신을 *위해* 이미 일이 해결됐다고 상상한다.

4. 한 항목당 최소한 **일 분** 정도 시간을 들이면서, 일이 처리됐다고 상상하고 그에 대한 보답으로 크나큰 감사의 마음을 느낀다.

5. 오늘밤 잠자러 가기 직전 한 손에 마법의 돌을 쥐고, 오늘 있었던 *가장 좋은 일*에 대해 *감사합니다*라고 마법의 주문을 건다.

제19일
마법의 발걸음

"나의 내면적 삶과 외부로 드러난 삶은 모두 살아 있거나 죽은 다른 사람들의 노고에 의존해 있다는 것, 그리고 이제껏 내가 받은 만큼, 지금도 여전히 받고 있는 만큼 나도 돌려주기 위해 열심히 노력해야 한다는 것을 매일 100번씩 스스로에게 일깨운다."

알베르트 아인슈타인(1879-1955년)
노벨상 수상 물리학자

아인슈타인은 이 말을 통해, 자신의 과학 발견에 맞먹는 선물을 우리에게 주었다. 그는 자신의 성공 비밀 중 한 가지를 우리에게 알려준 것이다. 바로 감사하는 마음이다. 그것도 매일 감사하라는 것이다!

아인슈타인은 오늘 행할 마법의 실천에 영감을 주었고, 당신은 그의 발걸음을 따라가며 당신의 삶에 성공을 불러들일 것이다. 오늘 당신은 아인슈타인처럼 *감사합니다*라는 말을 100번씩 할 예정이며, 마법의 발걸음을 100걸음 걸으면서 이 말을 할 것이다. 걸음을 걷는다고 당신 삶에 변화가 생기는 것이 믿기지 않겠지만, 당신이 할 수 있는 일 가운데 가장 강력한 것이 바로 이 실천이라는 것을 알게 될 것이다.

> *"신은 오늘 당신에게 8만 6,400초를 선물로 주었다. 이 중 1초를 이용하여 '감사합니다'라는 말을 했는가?"*
>
> 윌리엄 A. 워드 (1921-1994년)
> 작가

마법의 발걸음을 걸으려면 한 걸음을 떼어 발이 땅에 닿을 때 마음속으로 *감사합니다*라고 마법의 주문을 걸고, 그 다음 다른 발이 땅에 닿을 때 다시 *감사합니다*라고 말한다. 한 걸음 걸으면서 *감사합니다*, 또 한 걸음 걸으면서 *감사합니다*, 이렇게 발걸음을 옮길 때마다 계속 마법의 주문을 건다.

마법의 발걸음 실천에서 가장 좋은 점은 당신이 언제 어디에 있든 마법의 발걸음을 몇 걸음이든 걸을 수 있다는 것이다. 집안을 돌아다니면서 이 방에서 저 방으로 갈 때, 점심식사를 하러 가거나 커피를 마시러 갈 때, 쓰레기를 버리러 갈 때, 사업 미팅을 하러 갈 때, 택시나 버스, 기차를 타러 갈 때 마법의 발걸음을 걸을 수 있다. 시험이나 데이트, 취직 면접, 오디션 등 당신에게 중요한 일을 하러 갈 때, 고객을 만나러 가거나 은행이나 현금지급기까지 갈 때, 치과의사나 의사, 미용사를 찾아갈 때, 당신 팀의 운동시합을 보러 갈 때, 복도를 걸을 때, 공항 터미널을 빠져 나갈 때, 공원을 걸을 때, 이 구역에서 저 구역까지 갈 때 마법의 발걸음을 걸을 수 있다.

나는 집안을 돌아다닐 때, 침실에서 욕실까지 갈 때, 주방에서 침실까지 갈 때, 자동차와 우편함까지 갈 때 마법의 발걸음을 걷는다. 길을 걸을 때, 아니 어디든 걸을 때 한 지점을 목적지로 선택하고 거기까지 가는 내내 발걸음마다 감사하는 마음을 담는다.

마법의 발걸음을 시작하기 전에 당신이 어떤 기분인지 생각하면 끝난 뒤에 당신 기분이 얼마나 많이 달라져 있는지 알아차릴 것이다. 마법의 발걸음을 걷는 동안 감사하는 마음을 많이 느끼지 못하더라도 상관없다. 마법의 발걸음을 걷고 나면 한결 행복해질 것이라고 약속할 수 있다. 기분이 가라앉았을 때 마법의 발걸음을 걸으면 기분이 훨씬 좋아지고, 기분이 아주 좋을 때에도 마법의 발걸음을 걸으면 기분이 날아갈 듯이 한껏 고조된다!

가장 효과적으로 마법의 발걸음을 걸으려면 약 90초간 실시하라. 보통 사람이 여유로운 걸음으로 100보를 걸을 때 이 정도 시간이 걸린다. 이 실천은 정확하게 100보를 걷는 게 중요한 게 아니다. 다만 기분이 달라지려면 적어도 그 정도 걸어야 하기 때문에 최소한 100보를 걸으라는 것이다. 대략 그 정도 거리를 걷기 위해 하루 중 언제고 감사의 100보를 걸어도 좋다. 걸음 수를 세다 보면 걸을 때마다 *감사합니다*라고 마법의 주문을 걸기보다 얼마나 걸었는지 세게 되므로 이 실천을 행할 때 몇 걸음이나 걸었는지 세지 마라.

오늘 마법을 다 실천하고 나면 당신은 *감사합니다*라는 마법의 주문을 100번 말한 셈이다! 하루에 100번 *감사합니다*라고 말한 날이 평생 얼마나 되는가?

아인슈타인은 매일 그렇게 했다!

마법의 실천 제19번

마법의 발걸음

1. 당신이 누리는 축복을 세어본다. 열 가지 축복 목록을 작성하고, 이 열 가지 축복이 왜 감사한지 *이유*를 쓴다. 목록을 다시 읽으면서 각 축복 내용이 끝날 때마다 *감사합니다, 감사합니다, 감사합니다*라고 말하고 각 축복마다 최대한 진심을 담아 감사한다.

2. 오늘 하루 중 마법의 발걸음 **100보**를 (약 90초 동안) 걷는다. 언제라도 좋다.

3. 한 걸음 옮길 때마다 *감사합니다*라고 마법의 주문을 걸고 감사하는 마음을 느낀다.

4. 오늘밤 잠자러 가기 직전 한 손에 마법의 돌을 쥐고, 오늘 있었던 *가장 좋은 일*에 대해 *감사합니다*라고 마법의 주문을 건다.

제20일
심장의 마법

"감사하는 마음은 심장에 새겨지는 기억이다."

장 밥티스트 마시외(1743-1818년)
프랑스 혁명 활동가

　감사하는 마음을 갖기 위한 마법을 실천하는 목적은 언제나 가능한 한 가슴 깊이 감사하는 마음을 느끼는 데 있다는 사실을 지금쯤이면 깨달았을 것이다. 마음속으로 감사하는 마음을 깊이 느낄 때 바깥 세계에서 당신이 감사할 일도 늘어나기 때문이다.

　오랜 시간 동안 감사하는 마음을 실천하다 보면 언젠가는 저절로 가슴속 깊이 감사하는 마음을 느끼게 된다. 하지만 오늘 행할 마법의 실천에서는 일반적으로 이 수준에 도달하는 데 걸리는 시간을 대폭 줄여줄 것이다.

　오늘 실천할 심장의 마법은 *감사합니다*라고 마법의 주문을 걸면서 감사하는 마음을 느끼는 동안, 온 마음을 심장 부위에 집중함으로써 감사하는 마음의 강도를 강력하게 증폭시키기 위한 목적에서 나왔다. 심장의 마법이 어떤 힘을 지니는지 다음 설명을 보자. 과학 연구에 따르면 사람이 감사하는 동안 심장에 마음을 집중하면, 심장 박동은 훨씬 고르고 안정적이 되며, 그 결과 면역 체계와 건강이 크게 향상된다고 한다. 처음 시도할 때에는 연습이 조금 필요하지만 그런 노력을 들일 만한 가치가 있다. 몇 차례 해 보고 나면 익숙해질 것이며 이를 실천할 때마다 감사하는 마음을 느끼는 강도가 급격하게 증폭될 것이다.

심장의 마법을 실천하려면 온 마음과 관심을 심장 부근에 둔다. 몸 안쪽에 두는가, 바깥쪽에 두는가는 중요하지 않다. 눈을 감으면 좀 더 쉬우므로 두 눈을 감는다. 심장에 계속 마음을 집중하는 동안 마음속으로 *감사합니다*라고 마법의 주문을 걸어라. 몇 차례 실행하고 나면 더 이상 눈을 감을 필요가 없겠지만 대체로 눈을 감을 때 감사하는 마음을 더 깊이 느낀다.

심장의 마법을 정말로 빨리 습득하는 데 도움이 될 만한 몇 가지 방법이 있다. *감사합니다*라고 마법의 주문을 거는 동안 오른손을 심장 위에 대고 그곳에 마음을 계속 집중한다. 아니면 *감사합니다*라는 마법의 주문을 말할 때 이 말이 마음이 아니라 심장에서 나온다고 상상해도 좋다.

오늘 행할 마법의 실천 중 하나는 전에 말한 열 가지 소망 목록을 꺼내와 각 소망마다 심장의 마법을 실천하는 것이다. 마음속으로 또는 큰 소리로 각 소망 내용을 읽어라. 각 소망 내용을 읽고 나면 두 눈을 감고 온 마음을 심장에 집중하면서 천천히 *감사합니다*라고 마법의 주문을 건다. 앞서 내가 들려준 요령이 도움이 됐다면 이번에도 이용하면 좋다. 각 소망 내용마다 심장의 마법을 다 실천하고 나면 감사하는 마음의 강도가 당신이 도달할 수 있는 최대치까지 증폭됐을 뿐만 아니라 열 가지 소망에 대한 감사의 마음도 극적으로 깊어졌을 것이다.

소망을 앞당겨서 이룰 수 있도록, 원한다면 규칙적으로 소망에 대해 심장의 마법을 실천해도 좋다. 또한 언제든 *감사합니다*라는 마법의 주문을 말할 때 이 실천을 병행해도 좋다. 하루에 두 차례만 이 심장의 마법을 써도 당신 삶의 행복이나 마법에 큰 영향을 미치게 된다.

몇 차례 심장의 마법을 실천하고 나면 감사하는 마음의 깊이가 크게 달라진 것을 느끼게 된다. 감사하는 마음에서는 사실 그 마음의 깊이가 전부다. 감사하는 마음을 가슴 깊이 느낄수록 당신이 받게 될 풍요로움도 커지기 때문이다. 감사하는 마음의 깊이가 깊어졌을 때 맨 처음 나타나는 신체적 징후는 심장 부근이 따끔거리나 몸 전체에 기쁨의 파도가 몰려오는 것이다. 두 눈에 눈물이 차오르기도 하고 소름이 돋기도 한다. 하지만 예외 없이 나타나는 증상은 당신이 이제껏 한번도 느껴보지 못한 깊은 평화와 행복감을 느끼기 시작하는 것이다!

마법의 실천 제20번

심장의 마법

1. 당신이 누리는 축복을 세어본다. 열 가지 축복 목록을 작성하고, 이 열 가지 축복이 왜 감사한지 *이유*를 쓴다. 목록을 다시 읽으면서 각 축복 내용이 끝날 때마다 *감사합니다, 감사합니다, 감사합니다*라고 말하고 각 축복마다 최대한 진심을 담아 감사한다.

2. 온 마음과 관심을 심장에 집중한다.

3. 두 눈을 감는다. 심장에 온 마음을 계속 집중하면서 마음속으로 *감사합니다*라고 마법의 주문을 건다.

4. 열 가지 소망 목록을 꺼내와 심장의 마법 실천을 행한다. 우선 각 소망 내용을 읽고 두 눈을 감은 다음, 온 마음을 심장에 집중하고 천천히 다시 *감사합니다*라고 말한다.

5. 오늘밤 잠자러 가기 직전 한 손에 마법의 돌을 쥐고, 오늘 있었던 *가장 좋은 일*에 대해 *감사합니다*라고 마법의 주문을 건다.

제21일
멋진 결과

> "당신은 식사하기 전에 감사의 기도를 드린다. 좋은 일이다. 하지만 나는 콘서트와 오페라가 시작되기 전에 감사의 기도를 드리고, 연극과 팬터마임이 시작되기 전에 감사의 기도를 드리며, 책장을 열기 전에 감사의 기도를 드리고, 스케치, 그림, 수영, 펜싱, 권투, 산책, 놀이, 춤을 시작하기 전에 감사의 기도를 드리며, 잉크에 펜을 담그기 전에 감사의 기도를 드린다."
>
> G. K. 체스터턴(1874-1936년)
> 작가

우리는 자신이 하는 모든 일에서 좋은 결과가 나오기를 원한다. 길버트 키스 체스터턴은 뭔가 행동을 하기 전에 감사의 기도를 했고, 자신이 원하는 결과를 확실히 얻도록 감사하는 마음이 지닌 마법을 활용했다.

"이 일이 잘 되기를 바라." 또는 "이 일이 결과적으로 좋은 일이 됐으면 좋겠어." "커다란 행운이 따라야 해." 등과 같은 생각을 마음속으로 할 때가 있을 것이다. 이런 생각들은 모두 특정 상황에서 좋은 결과를 얻기를 *바라는 것*이다. 하지만 삶은 우연히 이루어지는 것이 아니며, 뜻밖에 찾아온 행운 때문에 이루어지는 것도 아니다. 우주의 법칙은 아주 작은 오차도 없이 수학적으로 작용하기에 당신이 믿고 의지할 수 있는 법칙이다!

조종사는 비행기를 조종하는 동안 물리학 법칙이 계속 작용하기를 *바라지* 않는다. 물리학 법칙이 결코 어긋나는 법이 없다는 것을 알기 때문이다. 당신은 하루를 시작하면서, 우주 공간으로 붕 날아가지 않도록 중력 법칙이 당신을 계속 땅에 묶어주기를 *바라지* 않는다. 중력의 법칙은 어긋나서 우연이 작용할 가능성이 결코 없다는 것을 알고 있기 때문이다.

당신이 하는 모든 일에서 멋진 결과를 원한다면 결과를 지배하는 법칙, 즉 끌어당김의 법칙을 이용해야 한다. 이는 곧 생각과 느낌을 이용하여 멋진 결과를 당신 쪽으로 *끌어당겨야* 한다는 의미며, 이렇게 하기 위한 가장 간단한 방법은 멋진 결과가 나올 것에 감사하는 것이다.

멋진 결과의 실천은 뭔가 잘 되기를 바라는 일을 하기 *전에* 감사하는 것이다. 직장 회의, 취업 면접, 시험에서 멋진 결과를 얻을 것에 감사할 수 있고, 운동시합, 전화, 친구 따라잡기, 시어머님이나 장모님 만나기 같은 일에서 멋진 결과를 얻을 것에 감사할 수도 있다. 또한 운동 일정, 동물 병원 예약, 치과나 건강 검진에서 멋진 결과를 얻을 것에 감사할 수 있다. 전기기사, 배관공, 또는 기술자가 당신 집에 생긴 문제를 해결할 때 멋진 결과를 얻을 것에 감사할 수 있으며, 가족 소풍, 자녀 행동과 관련된 대화 또는 배우자와의 허심탄회한 대화에서 멋진 결과를 얻을 것에 감사할 수 있다. 아니면 생일 선물, 약혼반지, 웨딩드레스 등과 같은 물건을 살 때, 휴대전화나 새로운 카펫, 커튼, 또는 집안 인테리어 회사를 고를 때 멋진 결과를 얻을 것에 감사할 수 있다. 식당이나 콘서트의 좋은 자리를 예약하는 것에 감사할 수 있고, 편지나 이메일에 멋진 결과가 들어 있을 것에 대해, 연말 세금 환급에서 멋진 결과를 얻을 것에 대해 감사할 수 있다.

감사하는 마음에 들어 있는 마법의 힘을 믿을 때 멋진 결과가 나온다고 여긴다면 허공에 손가락을 흔들면서, 멋진 결과가 나오기를 원하는 것에 마법의 가루를 뿌린다고 상상해도 좋다!

생각도 못한 일이 일어났을 때에도 멋진 결과에 감사하는 마음을 활용할 수 있다. 예상치 못한 일이 일어났을 때 우리는 무작정 결론부터 내리면서 뭔가 잘못됐을 거라고 생각하는 일이 많다. 예를 들어 회사에 출근했을 때 상사가 즉시 보자고 했다는 말을 듣는 경우가 있다. 무작정 뭔가 잘못됐을 것이라고 결론부터 내리는 것은 문제가 있다. 끌어당김의 법칙에 따르면 당신이 생각하고 느끼는 것을 그대로 끌어당기기 때문이다. 그러므로 무작정 결론부터 내리면서 당신이 곤경에 처할 것이라고 생각하지 말고, 멋진 결과에 감사함으로써 마법을 일으키는 기회로 이용하라.

출근길에 버스나 기차를 놓쳤거나, 비행기를 놓쳤거나, 뜻밖에 시간이 지체됐을 때 '안 좋군.'이라고 생각하는 대신 멋진 결과를 얻을 것이라고 감사하라. 그 순간 당신은 멋진 결과를 얻기 위한 마법에 시동을 건 것이다.

학부모인 당신이 학교에서 자녀 문제로 만나고 싶다는 뜻밖의 연락을 받았을 때 문제가 있을 것이라고 생각하는 대신 아주 멋진 결과를 얻을 것이라며 감사하라. 예상치 못한 전화나 이메일, 편지를 받은 뒤 생각이 마구 치달으며 '무슨 문제일까?'라고 걱정한다면 전화를 받거나 이메일이나 편지를 열어보기 *전*에 먼저 멋진 결과를 얻을 것에 감사하라.

대체로 당신이 원했던 멋진 결과를 보거나 경험할 것이고, 더러는 어떻게 이득을 얻었는지조차 모를 뜻밖의 사건도 있을 것이다. 하지만 멋진 결과를 원하면서 진심으로 그것에 감사하는 마음을 느낄 때 이는 수학적인 끌어당김의 법칙을 이용하는 것이며, 당신은 틀림없이 언제 어디선가 멋진 결과를 돌려받을 것이다. 이는 확실하다!

운이 당신 삶에 짓궂은 장난을 하고 있다거나 당신이 어떤 일을 통제할 힘이 없다고 생각할 때, 또는 어떤 일이 결과적으로 잘 되기를 *바라는* 자신을 발견할 때 반드시 기억하라. 끌어당김의 법칙에 운이란 없다. 당신이 생각하고 느끼는 것을 그대로 얻을 것이다. 감사하는 마음은 당신이 원치 않는 것, 즉 나쁜 결과를 끌어당기지 못하도록 당신을 보호해준다. 또한 당신이 원하는 것, 즉 멋진 결과를 얻도록 보장해준다!

멋진 결과에 감사할 때 당신은 보편적인 법칙을 이용해서 희망과 운을 믿음과 확실성으로 변화시키고 있는 것이다. 감사하는 마음이 생활방식으로 자리 잡으면 당신은 모든 일을 시작할 때마다 저절로 감사하는 마음을 가지게 되며, 그 감사하는 마음에서 비롯된 마법이 멋진 결과를 가져다 줄 것이라고 *믿게 될 것이다.*

멋진 결과를 더 많이 실천해서 일상의 습관이 되면, 이는 당신 삶에 멋진 결과를 더 많이 끌어당길 것이다. 원치 않는 상황에 놓이는 일도 줄어들 것이다. 어긋난 시간대에 어긋난 장소에 있는 일도 없을 것이다. 일상생활 속에서 무슨 일이 일어나든 그 결과는 멋질 것이라고 정말 확실하게 믿을 수 있을 것이다.

오늘 하루를 시작할 때 당신이 멋진 결과를 얻고자 하는 상황 세 가지를 골라라. 곧 있을 취업 면접이나 대출 신청, 시험, 의사와의 약속 등 현재 당신 삶에서 중요한 세 가지 일을 골라도 된다. 또한 통상적으로 평범한 세 가지 일부터 시작해볼 수도 있다. 이런 평범한 일에서 마법이 일어난다면 당신이 멋진 결과를 끌어당겼다는 것을 확실하게 믿을 수 있기 때문이다! 예를 들어 직장까지 자동차로 출근하는 일, 다림질, 은행이나 우체국 볼일, 아이 데려오기, 청구서 대금 지불하기, 우편물 집어오기 등의 일을 선택해도 좋다.

멋진 결과를 실천하기 위해 고른 세 가지 상황을 목록으로 정리하라. 각 상황 내용을 적는 동안 감사하는 마음이 지닌 마법의 힘을 이용할 수 있도록, 상황이 일어난 *후*에 목록을 작성하고 있다고 상상하라.

_____ 에서 멋진 결과를 얻은 것에 감사합니다!

이 마법의 실천 두 번째 단계에서는 오늘 일어날 예상치 못한 일 세 가지를 골라서 역시 멋진 결과를 얻도록 감사하는 마음에 들어 있는 마법의 힘을 활용할 것이다. 세 번의 전화를 받기 전에, 또는 세 장의 이메일이나 편지를 열어보기 전에, 또는 생각지 못한 용무를 보기 전에, 그 밖에 느닷없이 일어난 예상치 못한 일을 하기 전에 이 실천을 행해도 된다. 이 단계에서 중요한 것은 어떤 일을 예상치 못한 사건으로 선택하는가가 아니라, 예상치 못한 사소한 일에서 멋진 결과를 얻도록 감사하는 마음을 실천하는 것이다. 예상치 못한 일이 일어날 때마다 가능하다면 잠시 두 눈을 감고 마음속으로 마법의 주문을 걸면서 감사하는 마음을 느껴라.

　　　_____에서 멋진 결과를 얻은 것에 감사합니다!

　이 마법은 아무리 많이 실천해도 좋다. 많이 실천할수록 당신 삶에서 멋진 결과를 더 많이 얻을 수 있기 때문이다. 오늘 이 실천을 행하고 나면 이 실천이 어떤 것인지 이해하고, 앞으로 당신이 좋은 결과를 *바라거나* 운이 따라야 한다고 생각하는 상황에 놓일 경우 즉시 감사하는 마음에 들어 있는 마법의 힘을 이용할 것이다. 또한 멋진 결과의 실천을 당신 삶의 확실한 행동으로 삼을 것이다!

마법의 실천 제21번

멋진 결과

1. 당신이 누리는 축복을 세어본다. 열 가지 축복 목록을 작성하고, 이 열 가지 축복이 왜 감사한지 *이유*를 쓴다. 목록을 다시 읽으면서 각 축복 내용이 끝날 때마다 *감사합니다, 감사합니다, 감사합니다*라고 말하고 각 축복마다 최대한 진심을 담아 감사한다.

2. 오늘 하루를 시작할 때 멋진 결과를 얻고자 하는 중요한 일이나 상황 **세 가지**를 고른다.

3. 세 가지를 목록으로 작성한다. 마치 상황이 벌어진 뒤에 쓰는 것처럼 각 내용을 작성한다. _____ *에서 멋진 결과를 얻은 것에 감사합니다!*

4. 오늘 하루를 지내는 동안 멋진 결과를 얻은 것에 감사할 만한 뜻밖의 일 **세 가지**를 고른다. 각각의 일이 일어날 때마다 두 눈을 감고 마음으로 다음과 같이 말하면서 감사하는 마음을 느낀다. _____ *에서 멋진 결과를 얻은 것에 감사합니다!*

5. 오늘밤 잠자러 가기 직전 한 손에 마법의 돌을 쥐고, 오늘 있었던 *가장 좋은 일*에 대해 *감사합니다*라고 마법의 주문을 건다.

제22일
바로 당신 눈앞에서

"우리가 아는 과학, 아니 모든 과학을 동원해도 이 세상은 여전히 하나의 기적이다. 경이롭고 불가사의하며 마법과 같다. 이런 생각을 하는 사람의 눈에는 더욱 그렇게 보일 것이다."

토머스 칼라일(1795-1881년)
작가이자 역사가

시크릿을 처음 발견하고 감사하는 마음이 지닌 마법의 힘을 처음 알게 된 7년 전 나는 내 모든 소망의 목록을 만들었다. 정말 긴 목록이었다! 그 당시에는 내 소망은 실현 불가능한 것처럼 보였다. 그럼에도 나는 상위 열 가지 소망을 골라 종이에 적은 뒤 이 종이를 매일 몸에 지니고 다녔다. 기회가 있을 때마다 목록을 꺼내 찬찬히 읽으면서 마치 소망을 이룬 듯이 최대한 가슴 깊이 각 소망에 감사했다. 다른 어느 것보다 간절하게 원하는 1순위 소망을 늘 마음속에 간직했고 하루에 수차례씩 *감사합니다*라고 마법의 주문을 걸면서 마치 소망이 이루어진 것처럼 느꼈다. 내 목록에 올라 있는 모든 소망들이 하나씩 하나씩 바로 내 눈앞에서 실현됐다. 나는 소망한 것을 얻은 다음에는 목록에서 지웠고 새로운 소망이 생기면 목록에 덧붙였다.

맨 처음 작성한 긴 소망 목록에는 타히티 부근 보라보라를 여행하는 일이 들어 있었다. 목록에 올린 바로 그 보라보라에서 멋진 일주일을 보낸 뒤 또 다른 아름다운 일이 일어났다. 집으로 돌아오기 위해 타히티 본토행 비행기를 타고 있었는데 비행기가 도중에 기착하여 승객을 태웠다. 텅 비어 있던 비행기 안을 타히티 토착민이 가득 채웠고, 갑자기 내 주위에 온통 웃음소리, 미소 짓는 얼굴, 손에 잡힐 듯한 행복이 가득했다.

이 아름다운 사람들과 함께 짧은 시간 즐겁게 비행기를 타고 오면서 그들이 왜 그토록 행복한지 그 이유가 내게 선명하게 다가왔다. 그들은 감사하고 있었다! 살아 있는 것에 감사하고, 비행기를 탄 것에 감사했으며, 서로 함께 있는 것에 감사했고, 자신들이 가고 있는 곳에 감사했다. 그들은 모든 것이 감사했던 것이다! 그들과 함께 있는 게 정말로 좋았던 나는 계속 그들과 함께 비행기를 타고 세계를 돌아다닐 수도 있을 것 같았다. 그때였다. 마지막 소망을 방금 전에 이루었다는 생각이 떠올랐다. 보라보라는 처음 작성한 목록에 올라 있던 마지막 소망이었고, 내가 그 비행기에 타고 있는 이유가 바로 내 눈앞에 있었다. 바로 감사하는 마음이었다!

나는 당신의 기운을 북돋기 위해 이 이야기를 들려주었다. 소망이 아무리 엄청난 것처럼 보일지라도 감사하는 마음을 통해 소망을 *이룰 수 있다*. 이보다 더 중요한 것은 감사하는 마음이 당신이 예전에 한 번도 느껴보지 못한 기쁨과 행복을 가져다준다는 점이고, 이는 돈으로도 살 수 없는 아주 값진 것이다.

내가 처음 감사하는 마음과 끌어당김의 법칙을 이용하기 시작했던 때로부터, 내 원래 목록에 적힌 마지막 소망을 이룰 때까지 4년이 걸렸다. 그 정도 시간에 나의 모든 소망을 이룬다는 것이 얼마나 엄청난 일인지 당신에게 알려주자면, 내가 소망 목록을 만들었던 당시 우리 회사는 200만 달러의 빚이 있었으며 두 달만 지나면 어쩔 수 없이 회사 문을 닫고 집과 내가 가진 모든 것을 잃을 처지에 있었다. 개인 신용카드 빚도 상당했다. 그런데도 내 소망 목록에는 바다가 보이는 큰 집을 사는 것, 세계 여러 이국적인 장소로 여행을 가는 것, 내 빚을 모두 갚는 것, 회사를 확장시키는 것, 모든 인간관계를 최대한 좋게 회복하는 것, 가족의 삶의 질을 높이는 것, 100퍼센트 완벽한 건강을 다시 누리는 것, 삶을 향한 무한한 에너지와 흥분을 느끼는 것, 그 밖에 일반적인 목록들이 올라 있었다. 그리고 내 주위 많은 사람의 눈에 절대로 불가능하게 보였던 1순위 소망은 내가 하는 일을 통해 수백만 사람들에게 기쁨을 주는 것이었다.

맨 처음 이룬 소망이 바로 내가 하는 일을 통해 수백만 사람들에게 기쁨을 주는 것이었다. 그 후 나머지 소망들도 마법처럼 이루어졌다. 내 눈 앞에서 소망이 이루어질 때마다 그것을 하나씩 목록에서 지웠다.

그러므로 이제는 당신이 감사하는 마음에 들어 있는 마법의 힘을 이용하여 바로 눈앞에서 당신 소망이 이루어지도록 해야 할 차례다. 오늘 하루를 시작할 때 전에 만들어놓은 열 가지 소망 목록을 꺼내어, 거기 적힌 각 문장과 소망을 꼼꼼히 읽으면서 당신이 이미 소망을 이루었다고 1분 동안 상상하거나 마음으로 그린다. 소망을 이룬 것처럼 가능한 한 가슴 깊이 감사하는 마음을 느낀다.

오늘 하루 주머니에 소망 목록을 지니고 다녀라. 그리고 적어도 두 차례 이상 목록을 꺼내 꼼꼼히 읽고 각 소망마다 마치 이미 소망을 이룬 것처럼 감사하는 마음을 최대한 가슴 깊이 느낀다.

소망이 하루 빨리 이루어지기를 원하면 오늘 이후 계속 소망 목록을 지갑이나 핸드백에 넣어두고서, 시간이 날 때마다 목록을 열어보고 꼼꼼히 읽으면서 각 소망마다 최대한 가슴 깊이 감사하는 마음을 느끼는 것을 강하게 추천하고 싶다. 바로 당신 눈앞에서 소망이 이루어지면 그것을 목록에서 지우고 새로운 것을 추가한다. 당신도 나와 같다면 목록에서 소망을 하나씩 지울 때마다 기쁨의 눈물을 흘릴 것이다. 불가능한 것처럼 보였던 일이 감사하는 마음에 들어 있는 마법의 힘을 통해 가능해졌기 때문이다.

마법의 실천 제22번

바로 당신 눈앞에서

1. 당신이 누리는 축복을 세어본다. 열 가지 축복 목록을 작성하고, 이 열 가지 축복이 왜 감사한지 *이유*를 쓴다. 목록을 다시 읽으면서 각 축복 내용이 끝날 때마다 *감사합니다, 감사합니다, 감사합니다*라고 말하고 각 축복마다 최대한 진심을 담아 감사한다.

2. 하루가 시작될 때, 앞서 당신이 작성한 상위 열 가지 소망 목록을 꺼내온다.

3. 목록에 적힌 각 문장과 소망 내용을 꼼꼼히 읽는다. 당신이 이미 소망을 이루었다고 1분 동안 상상하거나 마음속으로 그려본다. 최대한 가슴 깊이 감사하는 마음을 느낀다.

4. 오늘 하루 주머니에 소망 목록을 넣어 다닌다. 하루에 적어도 **두 차례** 이상 목록을 꺼내 꼼꼼히 읽고 최대한 가슴 깊이 감사하는 마음을 느낀다.

5. 오늘밤 잠자러 가기 직전 한 손에 마법의 돌을 쥐고, 오늘 있었던 *가장* 좋은 일에 대해 *감사합니다*라고 마법의 주문을 건다.

제23일
당신이 숨 쉬는 마법의 공기

"이른 아침 공기 속에서 산책하기 위해 집을 나섰다가, 황홀하고 매혹적인 다른 사람이 되어 돌아오는 일은 얼마든지 가능하다."

메리 엘렌 체이스(1887-1973년)
교육자이자 작가

몇 년 전 누군가로부터 내가 숨 쉬는 공기에 감사하라는 말을 들었다면 난 그를 미친 사람이라고 생각했을 것이다. 내게는 얼토당토않은 말로 들렸을 것이기 때문이다. 대체 어느 누가 자신이 숨 쉬는 공기에 감사한단 말인가?

하지만 감사하는 마음을 활용함으로써 내 삶이 바뀌자, 당연한 것처럼 여겼던 것 또는 깊게 생각하지 않았던 일들이 완벽한 기적처럼 보였다. 나는 내가 아는 작은 세상과 일상 속에서 사소한 일에 열을 내던 사람이었지만 이제 눈을 뜨고 우주의 더 큰 그림과 경이로움을 생각하게 됐다.

위대한 과학자 뉴턴은 이렇게 말했다. "태양계를 보노라면 지구는 태양으로부터 적당한 거리를 두고 알맞은 만큼의 열과 빛을 받고 있다. 이는 우연히 일어난 일이 아니다."

이 말 덕분에 나는 큰 그림을 더 많이 생각하게 됐다. 대기가 우리를 둘러싸고 보호한다는 것, 그 대기 너머에는 공기도 산소도 없다는 것, 이는 우연한 일이 아니다. 나무가 산소를 내뿜어 대기를 계속 채워주는 것도 우연한 일이 아니다. 태양계가 완벽한 곳에 위치하고 있다는 것도 우연한 일이 아니다. 만일 태양계가 은하계의 다른 곳에 있었다면 우주 복사 때문에 완전히 파괴됐을 것이다. 수천 가지 매개변수와 균형 덕분에 지구상에 생명이 유지되며, 이 매개변수와 균형은 모두 칼날 위에 서 있는 것 같이 미세한 변동도 매우 위태로우며 이들 변수나 균형에 아주 작은 변화만 생겨도 지구 위에 생명이 살지 못한다. 어느 것 하나 우연히 일어났으리라고는 믿기 힘들다. 우리를 *위해* 완벽하게 설계되고, 완벽한 곳에 위치하며, 완벽한 균형을 이룬 것처럼 보였다!

이 모든 것이 우연하게 이루어질 수 없으며, 지구상에 있거나 지구를 둘러싸고 있는 모든 미세 요소들이 완벽한 조화 속에 균형을 이루며 우리를 떠받치고 있다는 것을 깨달으면 당신은 삶에 대해 감사하는 마음이 온몸을 휘감는 것을 느낄 것이다. 이 모든 것이 모여 *당신을* 살아가게 해주었기 때문이다!

당신이 숨 쉬는 마법의 공기는 우연한 일이 아니며, 자연이 준 요행수도 아니다. 우리에게 공기가 있기까지 우주에서 얼마나 엄청난 일이 이루어져야 하는지 생각하면서 숨을 쉰다면 우리 몸에 공기가 들어오는 일이 그야말로 숨 막힐 정도로 놀라운 일이 될 것이다!

우리는 끊임없이 숨을 쉬지만 우리가 숨 쉴 공기가 늘 있다는 사실을 전혀 생각하지 않는다. 그럼에도 산소는 우리 몸속에 많이 있고 우리가 숨을 쉴 때 세포 하나하나에 영양분을 공급하여 우리가 계속 살아가도록 해준다. 우리 삶에서 가장 소중한 선물은 공기다. 공기 없이 몇 분 이상 버틸 수 있는 사람은 아무도 없기 때문이다.

감사하는 마음이 지닌 마법의 힘을 처음 활용하기 시작하던 당시 나는 개인적으로 원하는 많은 것에 이를 활용했고 효과도 있었다. 하지만 감사하는 마음이 지닌 최고의 힘을 경험한 것은 삶에 주어진 진짜 선물에 감사하기 시작했을 때였다. 석양, 나무, 바다, 풀잎에 맺힌 이슬, 내 삶, 그리고 내 삶 속의 사람들에게 감사하는 마음이 점점 깊어질수록, 갖고 싶었던 모든 물질적인 것들이 쏟아지기 시작했다. 어떻게 그런 일이 일어났는지 나는 이제 이해할 수 있다. 우리가 숨 쉬는 마법의 공기와 같이 삶과 자연의 소중한 선물에 진심으로 감사할 수 있을 때 우리는 가장 깊은 단계에서 감사하는 마음을 느낄 수 있다. 또한 이 정도로 깊게 감사하는 마음을 가진 사람은 누구나 완전한 풍요를 얻을 것이다.

오늘 잠시 시간을 내어 당신이 숨 쉬는 멋진 공기를 생각하라. 다섯 번에 걸쳐 마음을 모아 숨을 쉬면서, 공기가 몸 안으로 퍼지는 것을 느끼고 공기를 몸 밖으로 내보내는 기쁨을 느껴라. 오늘 하루 다섯 차례 시간을 내어 각각 다섯 번에 걸쳐 숨을 가득 들이마셨다가 완전히 내뱉어라. 이렇게 다섯 번에 걸쳐 숨을 들이마

셨다가 내뱉은 다음 "내가 숨 쉬는 마법의 공기에 감사합니다."라고 마법의 주문을 걸고, 당신이 숨 쉬는 소중한 공기, 생명을 주는 공기에 최대한 진심을 담아 감사하라.

신선한 공기가 얼마나 멋진지 진심으로 느낄 수 있도록 바깥에 나가 실천하면 더할 나위 없이 좋지만 사정이 여의치 않다면 실내에서 해도 된다. 두 눈을 감고 숨을 쉬어도 되고, 두 눈을 뜨고 쉬어도 된다. 걷는 동안, 줄을 서 있는 동안, 쇼핑을 하는 동안, 그 밖에 당신이 원하는 시간 어느 장소에서든 이 실천을 해도 좋다. 중요한 것은 몸 안으로 공기가 들어오고 나가는 느낌에 마음을 모으는 것이다. 자연스럽게 숨을 쉬어라. 이 마법의 실천에서 중요한 것은 호흡이 아니라 당신이 숨 쉬는 공기에 감사하는 마음을 느끼는 것이기 때문이다. 감사하는 마음을 더 깊이 느끼기 위해 숨을 크게 쉬는 것이 도움이 된다면 그렇게 하라. 숨을 내쉴 때 *감사합니다*라고 마법의 주문을 소리 내어 말하거나 마음속으로 말하는 것이 도움이 된다면 그렇게 하라. 나중에 원한다면 숨을 쉴 때마다 감사하는 마음을 들이마시고 이 감사하는 마음이 온몸을 가득 채운다고 상상하면서 여러 가지로 변형해 실천해도 좋다.

고대의 가르침에 따르면 숨 쉬는 공기로 가슴 깊이 감사하는 단계까지 이르면, 감사하는 마음은 새로운 차원의 힘을 얻고 그 사람은 *진정한* 연금술사가 되어 별로 힘들이지 않고도 자기 삶의 모든 부분을 황금으로 바꿀 수 있다!

마법의 실천 제23번

당신이 숨 쉬는 마법의 공기

1. 당신이 누리는 축복을 세어본다. 열 가지 축복 목록을 작성하고, 이 열 가지 축복이 왜 감사한지 *이유*를 쓴다. 목록을 다시 읽으면서 각 축복 내용이 끝날 때마다 *감사합니다, 감사합니다, 감사합니다*라고 말하고 각 축복마다 최대한 진심을 담아 감사한다.

2. 오늘 하루 **다섯 차례** 잠시 시간을 내어 당신이 숨 쉬는 멋진 공기에 대해 생각한다. 마음을 모아 **다섯 번** 숨을 쉬면서, 공기가 몸 안으로 퍼지는 것을 느끼고 공기를 밖으로 내보내는 기쁨을 느낀다.

3. 다섯 번 숨을 쉬고 난 뒤 "내가 숨 쉬는 마법의 공기에 감사합니다."라고 마법의 주문을 건다. 당신이 숨 쉬는 소중한 공기, 생명을 주는 공기에 최대한 가슴 깊이 감사하는 마음을 느낀다.

4. 오늘밤 잠자러 가기 직전 한 손에 마법의 돌을 쥐고, 오늘 있었던 *가장 좋은 일*에 대해 *감사합니다*라고 마법의 주문을 건다.

제24일
마법의 지팡이

당신에게 마법의 지팡이가 있어서 이 지팡이를 휘두르기만 해도 당신이 사랑하는 사람을 도울 수 있다면 좋겠다고 생각한 적이 있는가? 오늘 행할 마법의 실천에서는 다른 사람을 돕기 위해 삶 속에 있는 *진짜* 마법의 지팡이를 이용하는 방법을 알려줄 것이다!

다른 사람을 돕고 싶은 열렬한 마음이 있을 때 당신에게는 무한한 힘이 생긴다. 감사하는 마음으로 이 힘을 쓰면 마법의 지팡이가 생겨서 당신이 염려하는 사람을 도울 수 있게 되는 것이다.

관심이 가는 곳으로 에너지도 흐른다. 그러므로 다른 사람이 절실히 필요로 하는 일에 감사하는 마음이 지닌 에너지를 보낸다면 에너지는 바로 그곳으로 간다. 이런 이유 때문에 예수는 기적을 행하기 전에 *감사합니다*라고 말했다. 감사하는 마음은 에너지 속에 들어 있는, 보이지 않는 진정한 힘이다. 이 감사하는 마음이 당신의 소망이 지닌 에너지와 결합된다면 이는 흡사 마법의 지팡이를 가진 것과 같다.

> "마법의 지팡이를 기다리는 사람들은 자신이 바로 마법의 지팡이라는 사실을 알지 못한다."
>
> 토머스 레너드(1955-2003년)
> 자기계발 코치

건강이 좋지 않거나, 경제적 문제가 있거나, 자신이 하는 일이 만족스럽지 않거나, 스트레스를 받거나, 인간관계가 끝났거나 자신감 부족으로 마음 아파하거나, 정신적 문제로 고통 받거나, 삶에서 맥이 빠져 있는 가족 성원이나 친구, 그 밖에 염려되는 사람이 있다면 감사하는 마음이 지닌 보이지 않는 힘을 이용하여 그들의 건강, 돈, 행복 문제를 도울 수 있다.

다른 사람의 건강을 위해 마법의 지팡이를 휘두르고 싶다면 그 사람의 건강이 완전히 회복됐다고 상상하면서, 그 사람이 다시 완전히 건강을 되찾았다는 소식에 진심으로 축하하는 마음으로 *감사합니다*라고 마법의 주문을 걸어라. 그 사람이 전화로 당신에게 소식을 전하고 있다고 상상해도 좋고, 아니면 그들이 직접 당신 얼굴을 보면서 말하고 당신의 반응을 정말로 보고 느끼고 있다고 상상해도 좋다. 그 사람의 건강이 완전히 회복됐다는 소식을 들었을 때와 똑같이 가슴 깊이 감사하는 마음을 느낄 수 있다면 당신이 느끼는 감사의 마음은 더할 나위 없이 진실하고 강력할 것이다.

사랑하는 누군가의 돈 문제를 돕기 위해 마법의 지팡이를 휘두르고자 할 때에도 똑같이 이 마법을 실천하면서 그들에게 필요한 돈이 지금 그들에게 있는 것처럼 감사하라. 그들의 경제 상태가 완전히 회복되고 모든 게 해결됐다고 상상하면서, 방금 전 놀라운 소식을 듣고 말하듯이 *감사합니다*라고 마법의 주문을 건다.

아는 사람이 힘든 시기를 겪고 있지만 구체적으로 그들에게 필요한 것이 무엇인지 모르거나, 여러 문제에서 도움을 필요로 할 때에도 똑같이 이 마법의 실천을 행하면서, 그들의 행복에 감사하거나 또는 그들의 건강과 부와 행복 모두에 감사하라.

오늘은 건강, 부, 행복, 또는 이 세 가지 모두에서 어려움을 겪고 있어서 당신이 염려하고 있는 세 사람을 골라라. 사진이 있다면 이들의 사진을 꺼내 당신이 이 마법의 실천을 행하는 동안 당신 앞에 놓아두라.

첫 번째 사람을 택한다. 그의 사진을 손에 쥐고 두 눈을 감은 뒤, 그에게 절실한 문제가 무엇이든 이 문제가 완전히 해결됐다는 소식을 듣는 당신 모습을 1분 동안 마음속에 그려라. 아픈 사람이 다시 건강해지거나, 침울했던 사람이 다시 행복을 찾거나, 경제적으로 스트레스를 받던 사람이 다시 풍요로워지는 모습을 그리는 것보다는 그런 소식을 듣는 당신 모습을 마음속으로 그리는 편이 훨씬 쉬울 것이다. 게다가 마음속에 당신이 직접 등장한다면 흥분과 감사하는 마음도 훨씬 커질 것이다.

두 눈을 뜨고 손에 계속 사진을 든 채 천천히 그 사람의 건강, 부, 행복, 또는 그들에게 동시에 필요한 몇 가지에 *감사합니다*라고 마법의 주문을 세 번 말하라.

_____이름_____ 에게 건강, 부, 행복을 주어 감사합니다, 감사합니다, 감사합니다.

한 사람을 위한 마법의 실천이 끝나면 다음 사람으로 넘어가서 똑같이 두 단계를 실천한다. 이것으로 세 사람 모두에게 건강, 부, 행복을 전하는 마법의 지팡이 실천을 마무리한다.

길을 걷거나 돌아다니다가 분명 건강, 부, 행복에 문제가 있는 것으로 보이는 누군가를 우연히 만났을 때 이 강력한 실천을 행해도 좋다. 당신에게 마법의 지팡이가 있다고 상상하면서, 그들의 건강, 부, 행복에 진심 어린 감사를 드림으로써 마음속으로 마법의 지팡이를 휘두르고, 당신이 에너지의 진짜 힘을 움직이게 했다고 믿는다.

감사하는 마음을 이용해 다른 누군가의 건강, 부, 행복을 돕는 일은 당신이 할 수 있는 가장 위대한 감사의 행위다. 또한 여기에는 마법 같은 일이 한 가지 더 생긴다. 당신이 다른 사람에게 열렬히 빌어주었던 건강, 부, 행복을 당신 자신에게도 불러들이는 것이다.

마법의 실천 제24번

마법의 지팡이

1. 당신이 누리는 축복을 세어본다. 열 가지 축복 목록을 작성하고, 이 열 가지 축복이 왜 감사한지 *이유*를 쓴다. 목록을 다시 읽으면서 각 축복 내용이 끝날 때마다 *감사합니다, 감사합니다, 감사합니다*라고 말하고 각 축복마다 최대한 진심을 담아 감사한다.

2. 건강이나 부, 행복, 또는 이 **세 가지** 모두를 안겨주고 싶고 당신이 염려하는 사람 세 명을 고른다.

3. 세 사람을 골랐으면 이들의 사진 세 장을 모은다. 마법의 지팡이를 실천하는 동안 이 사진을 당신 앞에 놓아둔다.

4. 한 번에 한 사람씩 당신 손에 그 사람의 사진을 쥔다. 두 눈을 감은 뒤, 그 사람의 건강이나 부, 또는 행복이 완전히 회복됐고 지금 당신이 그 소식을 듣고 있다고 1분 동안 마음속으로 상상한다.

5. 두 눈을 뜬 뒤 사진을 그대로 손에 쥐고 천천히 마법의 주문을 건다. ___이름___ *에게 건강, 부, 행복을 주어 감사합니다, 감사합니다, 감사합니다.*

6. 한 사람을 위한 마법의 실천이 끝나면 다음 사람으로 넘어가서 똑같이 두 단계를 실천한다. 이것으로 세 사람 모두에 대한 마법의 지팡이 실천을 마무리한다.

7. 오늘밤 잠자러 가기 직전 한 손에 마법의 돌을 쥐고, 오늘 있었던 *가장 좋은* 일에 대해 *감사합니다*라고 마법의 주문을 건다.

제25일
마법의 큐 신호를 보내라

"삶은 즐거운 놀이다……. 우리는 놀이를 통해 주변에서 마법을 다시 발견해야 한다."

돌로라 콜라오 (1954년생)
작가이자 치료사

오늘 행할 마법의 큐 신호 실천은 내가 좋아하는 실천 중 하나다. 이는 우주와 함께 즐기는 놀이며, 재미있기 때문이다!

우주는 호의적이고 배려심이 있으며 당신이 삶에서 원하는 모든 것을 갖게 되기를 원한다고 상상하라. 우주는 당신에게 다가가 원하는 것을 직접 줄 수 없기 때문에 끌어당김의 법칙을 이용하여 당신이 꿈꾸는 것을 얻을 수 있도록 사인과 큐 신호를 보낸다. 우주는 당신이 꿈꾸는 것을 얻기 위해서 감사하는 마음을 느껴야 한다고 생각하고 있다. 그렇기 때문에 당신에게 감사하라고 큐 신호를 보냄으로써 이 놀이에서 자기 역할을 한다. 우주는 당신 주변의 사람, 상황, 사건을 이용하여 당신에게 감사하라고 마법의 큐 신호를 보낸다. 이 과정은 다음과 같은 방식으로 이루어진다.

앰뷸런스 사이렌 소리가 들릴 때 우주가 보내는 마법의 큐 신호는 완벽한 건강에 감사하라는 것이다. 경찰차가 보일 때는 무사함과 안전에 감사하라는 마법의 큐 신호를 보내는 것이다. 누군가 신문을 읽고 있는 것이 보이면 좋은 소식에 감사하라는 마법의 큐 신호다.

당신이 몸무게를 줄이거나 늘리고 싶을 때 당신이 원하는 완벽한 몸무게를 가진 사람이 보이면 이는 당신이 완벽한 몸무게를 가질 것에 감사하라고 우주가 보내는 마법의 큐 신호다. 사랑하는 연인을 원할 때 당신 앞에 서로 열렬히 사랑하는 한 쌍의 연인들이 보이면 이는 완벽한 연인이 생길 것에 감사하라는 마법의 큐 신호다. 가족을 갖기를 원할 때 당신 앞에 아기나 어린 아이들이 보이면 이를 마법의 큐 신호로 받아들이고 아이들에게 감사하라. 은행이나 현금지급기를 지나게 되면 이는 돈이 풍족한 데 감사하라는 마법의 큐 신호다. 집에 도착했다면 이는 당신에게 가정이 있는 데 감사하라는 마법의 큐 신호다. 이웃이 커피 한 잔 하자며 부르거나 당신이 건너편에 사는 이웃에게 손을 흔든다면 이는 당신의 이웃에 감사하라는 마법의 큐 신호다.

당신이 꿈꾸는 집이나 자동차, 오토바이, 구두, 컴퓨터 등 소망 목록에 들어 있는 물품 중 하나가 당신에게 보인다면 당연히 이는 당신이 꿈꾸는 소망에 *지금 바*로 감사하라고 우주가 보내는 마법의 큐 신호다!

새로운 하루를 시작할 때 누군가 "좋은 아침" 하고 말하면 당신은 좋은 아침에 감사하라는 마법의 큐 신호를 받고 있는 중이다. 정말로 행복한 누군가를 만난다면 이는 행복에 감사하라는 마법의 큐 신호다. 언제 어디서나 다른 사람이 *감사합니다*라고 말하는 소리를 들으면 이는 *감사합니다*라고 말하라고 *당신*에게 보내는 마법의 큐 신호다!

우주는 당신에게 일상 활동에서 감사하라고 수많은 창조적 방법으로 마법처럼 큐 신호를 보낸다. 당신이 마법의 큐 신호를 오해하거나 내용을 잘못 이해할 가능성은 없다. 왜냐하면 큐 신호를 무슨 의미로 생각하든 당신의 생각이 맞기 때문이다! 우주는 끌어당김의 법칙을 이용하여 당신에게 마법처럼 큐 신호를 보낸다. 그러므로 언제나 당신은 그 순간에 정확한 큐 신호를 끌어당긴다.

마법의 큐 신호를 보내는 실천은 내가 일상에서 즐겨 하는 놀이며, 많이 해본 결과 이제는 우주가 내게 보내는 마법의 큐 신호는 하나도 빠짐없이 보이며, 나는 이 모든 큐 신호에 감사한다. 우주는 어떻게 그토록 새로운 방법으로 내게 큐 신호를 주어 감사의 마법을 작동하게 하는지, 매번 놀라고 전율을 느끼지 않을 수 없다!

친구나 가족에게 전화가 걸려오면 이는 그 사람에게 감사하라는 큐 신호다. 누군가 "정말 멋진 날이지요?"라고 말하면 이는 내가 누리는 멋진 날씨와 앞으로 누릴 멋진 날씨에 감사하라는 큐 신호다. 가전제품이 고장 나면 이는 현재 완벽하게 움직이는 다른 모든 가전제품에 감사하라는 큐 신호다. 정원의 식물 하나가 시들시들 병들면 이는 내 정원에서 건강하게 자라고 있는 모든 식물에 감사하라는 큐 신호다. 우편물을 집어올 때는 우편 서비스에 감사하고 뜻밖의 수표를 받은 데 감사하라는 큐 신호다. 누군가 현금지급기를 이용해야 한다고 말하거나 현금지급기에 사람들이 줄지어 서 있는 것을 보면 이는 돈에 감사하라는 큐 신호다. 내가 아는 사람이 병으로 몸져누웠다면 이는 그들의 건강과 나의 건강에 감사하라는 큐 신호다. 아침에 커튼을 젖히고 새로운 날을 맞이하면 이는 앞으로 펼쳐질 멋진 날에 감사하라는 큐 신호다. 밤에 커튼을 닫으면 이는 내가 그날 하루 보낸 멋진 날에 감사하라는 큐 신호다.

오늘 마법의 큐 신호를 보내는 놀이를 할 때 당신은 하루 동안 우주가 보내는 일곱 가지 마법의 큐 신호를 받을 수 있도록 정신을 차리고 있다가 큐 신호를 받을 때마다 감사하면 된다. 예를 들어 당신이 원하는 완벽한 몸무게를 지닌 사람을 보면 *"내가 완벽한 몸무게를 가진 것에 감사합니다!"* 하고 말하라. 당신이 많이 감사한다고 문제될 것은 없다. 그러므로 더 많이 감사하겠다고 선택해도 좋고, 원한다면 할 수 있는 최대한 많은 큐 신호에 반응하려고 노력해도 좋다. 지난 24일 동안 매일 마법의 실천을 따랐다면 지금쯤 우주가 늘 당신에게 보내고 있는 큐 신호를 알아차릴 만큼 충분히 당신의 정신이 깨어 있을 것이다. 감사하는 마음이 지닌 마법의 힘이 당신에게 가져다주는 많은 혜택 중에는 당신을 깨우고, 당신의 정신을 또렷하게 만드는 것도 있다. 그리고 정신이 더욱 또렷하게 깨어 있을수록 당신은 더 많이 감사하고, 그 결과 당신이 꿈꾸는 것을 더 쉽게 끌어당길 것이다. 그러니 우주여, 마법의 큐 신호를 보내라!

마법의 실천 제25번

마법의 큐 신호를 보내라

1. 당신이 누리는 축복을 세어본다. 열 가지 축복 목록을 작성하고, 이 열 가지 축복이 왜 감사한지 *이유*를 쓴다. 목록을 다시 읽으면서 각 축복 내용이 끝날 때마다 *감사합니다, 감사합니다, 감사합니다*라고 말하고 각 축복마다 최대한 진심을 담아 감사한다.

2. 오늘 당신 주변에 일어나는 일을 놓치지 않도록 정신을 차리고, 하루 동안 일어나는 일에서 최소한 **일곱 가지** 감사의 큐 신호를 받는다. 예를 들어 누군가 당신이 꿈꾸는 완벽한 몸무게를 지닌 사람을 보면 "*내가 완벽한 몸무게를 지닐 것에 감사합니다!*"라고 말하라.

3. 오늘밤 잠자러 가기 직전 한 손에 마법의 돌을 쥐고, 오늘 있었던 *가장 좋은 일*에 대해 *감사합니다*라고 마법의 주문을 건다.

제26일
마법처럼 실수를 축복으로 바꿔라

"상처를 지혜로 바꿔라."

오프라 윈프리 (1954년생)
유명 방송인이자 사업가

모든 실수는 축복이 다른 모습으로 위장한 것이다. 오늘 행할 마법의 실천에서 이를 입증할 것이다. 당신은 모든 실수 속에 알려지지 않은 축복이 실제로 감춰져 있다는 것을 발견할 것이다!

아이들은 자전거나 글을 배우는 동안 많은 실수를 하며, 우리는 이런 실수에 대해 깊이 생각하지 않는다. 아이들이 이런 실수를 통해 배우고 결국에는 능숙해질 것이라는 사실을 알기 때문이다. 그렇다면 어른은 왜 자신이 저지른 실수에 그토록 엄격한 것일까? 아이들에게 적용되는 원칙은 *당신에게도* 똑같이 적용된다. 우리는 모두 실수를 한다. 우리가 실수를 하지 않는다면 결코 아무것도 배우지 못하며, 더 똑똑해지거나 현명해지지 못할 것이다.

우리는 스스로 선택할 자유가 있으며 이는 곧 실수할 수 있는 자유가 있다는 의미다. 실수는 우리에게 상처를 입힌다. 실수를 통해 배우지 못한다면 우리가 겪는 상처는 결국 무의미해진다. 사실 끌어당김의 법칙 때문에 우리는 같은 실수를 되풀이하고, 그런 실수의 결과 때문에 큰 상처를 입고 마침내 실수로부터 배울 수 있게 된다! 우리가 실수 때문에 아픈 것도 바로 이런 이유 때문이다. 그래야 실수로부터 *배워* 다시는 그런 실수를 되풀이하지 않기 때문이다.

실수로부터 배우기 위해 우선 실수를 자기 것으로 삼아야 한다. 사람들이 해내지 못하는 대목이 바로 이 지점이다. 사람들은 *자신의* 실수를 다른 누군가의 탓으로 돌리는 경우가 많기 때문이다.

과속으로 경찰에게 걸려 속도위반 딱지를 떼게 된 상황을 가정해보자. 우리는 과속했다는 사실에 책임지는 대신 경찰 탓으로 돌리는 경우가 많다. 경찰이 고속도로 굽이길 너머 풀 속에 숨어 있어서 우리가 볼 수 없었고 그들이 속도측정기를 갖고 있었기 때문에 우리가 운이 없었다는 것이다. 하지만 이 실수는 우리가 저지른 것이다. 속도를 낸 사람은 우리 자신이기 때문이다.

우리의 실수를 놓고 남의 탓을 하면 우리가 실수로 인한 결과와 고통으로 고생은 고생대로 하면서도 그 실수에서 아무것도 배우지 못한다. 그 결과, 그렇다! 우리는 똑같은 실수를 다시 끌어당길 것이다.

당신은 사람이고 실수를 한다. 이는 당신이 사람이기에 할 수 있는 아름다운 일 중 하나이다. 하지만 당신은 실수로부터 반드시 배워야 하며 그렇지 않을 경우 당신 삶은 불필요한 고통을 겪게 된다.

어떻게 실수를 통해 배울 것인가? 바로 감사하는 마음이다!

아무리 나쁜 일처럼 보일지라도 그 속에는 감사할 일이 항상 있다. 실수에서 감사할 일을 최대한 많이 찾을 때 당신은 마법처럼 실수를 축복으로 바꾸게 된다. 실수는 더 많은 실수를 끌어당기고 축복은 더 많은 축복을 끌어당긴다. 당신은 어느 쪽이 더 좋은가?

오늘 당신 삶에서 저지른 실수 한 가지를 찾아라. 큰 실수든 작은 실수든 상관없다. 하지만 그 실수를 생각할 때면 지금도 마음이 아픈 실수를 선택하라. 가까운 사람에게 불같이 화를 냈다가 그 후 둘의 관계가 예전 같지 않아진 일, 또는 누군가를 철썩 같이 믿었다가 큰 화를 입은 일, 아니면 누군가를 보호하려고 선의의 거짓말을 했다가 결국 당신이 어려운 상황에 처한 일도 있을 것이다. 가격이 싼 물건을 선택했다가 결국 잘못되어 돈이 더 많이 들어간 일도 있을 것이다. 옳은 선택을 했다고 여겼지만 완전히 역효과가 난 일도 있을 것이다.

마법처럼 축복으로 바꿀 실수를 선택했으면 그 일에서 감사할 일을 찾아라. 스스로에게 다음 두 가지 질문을 하면 도움이 될 것이다.

이 실수에서 무엇을 배웠는가?

이 실수 때문에 생긴 좋은 일은 무엇인가?

실수로부터 배운 깨달음이야말로 당신이 실수와 관련해서 감사해야 하는 가장 중요한 내용이다. 또한 어떤 실수를 저질렀든 그 일 때문에 좋은 일이 생기고, 그 결과 당신의 미래가 더 좋은 방향으로 바뀌는 일은 많이 있다. 이런 점을 꼼꼼하게 생각하면서, 당신이 감사할 열 가지 축복을 찾아봐라. 당신이 한 가지 축복을 찾아낼 때마다 그 축복에는 마법의 힘이 들어 있다. 당신이 찾아낸 축복 내용을 감사 일지에 쓰거나 컴퓨터 목록으로 작성하라.

과속으로 경찰차에 단속되어 벌금을 낸 일을 예로 들어보자.

1. 나는 경찰에 감사한다. 내가 해를 입지 않도록 나를 보호하고자 했으며 그것이 바로 그들이 할 일인 것이다.

2. 나는 경찰에 감사한다. 솔직히 나는 딴 생각을 하고 있었고 도로 상황에 집중하지 않았기 때문이다.

3. 나는 경찰에 감사한다. 타이어를 교체해야 하는 상황이었는데도 속도를 높여 스스로 위험을 자초한 것은 어리석었기 때문이다.

4. 나는 정신을 차리게 해준 경찰에 감사한다. 경찰이 나를 단속하여 불러 세운 일이 내게 영향을 미쳤고, 앞으로 나는 속도를 주시하면서 더욱 조심스럽게 운전할 것이기 때문이다.

5. 나는 경찰에 감사한다. 속도를 높여도 경찰에 붙잡히지 않고 위험하지 않을 것이라는 터무니없는 생각을 했다. 경찰의 신중함 덕분에 과속이 나 자신과 타인을 심각한 위험에 빠뜨릴 수 있다는 사실을 직시하게 됐다.

6. 나는 경찰에 감사한다. 다른 과속 운전자 때문에 우리 가족이 위험에 처할 수도 있다고 생각하면 경찰이 과속 운전자를 단속해주기를 간절히 바라기 때문이다.

7. 나는 진심으로 경찰에 감사한다. 그들은 도로에서 모든 사람과 그 가족이 안전할 수 있도록 자기 일을 하기 때문이다.

8. 나는 경찰에 감사한다. 그들은 분명 가슴 아픈 상황을 매일 목격할 것이고 그들의 업무는 오로지 나와 내 가족의 생명을 보호하는 일이기 때문이다.

9. 나는 경찰에 감사한다. 그들 덕분에 나는 안전하게 집까지 돌아와 평상시대로 문을 열고 들어가 가족을 볼 수 있었다.

10. 나는 경찰에 감사한다. 과속을 멈추게 만드는 많은 일들이 있지만, 경찰이 나를 단속했기 때문에 최소한의 피해로 과속을 막았고, 어쩌면 이는 내 삶에서 가장 큰 축복일지도 모른다.

당신이 지금도 기분 나쁘게 여기는 실수를 선택한 다음, 여유 시간이 될 때 이 멋지고 마법 같은 실천을 행하라고 강력하게 추천한다. 생각해보라. 당신은 한 가지 실수를 통해 많은 축복을 불러들일 수 있는 힘이 생겼다! 다른 어떤 일이 이처럼 많은 이익을 가져다주겠는가?

마법의 실천 제26번

마법처럼 실수를 축복으로 바꿔라

1. 당신이 누리는 축복을 세어본다. 열 가지 축복 목록을 작성하고, 이 열 가지 축복이 왜 감사한지 *이유*를 쓴다. 목록을 다시 읽으면서 각 축복 내용이 끝날 때마다 *감사합니다, 감사합니다, 감사합니다*라고 말하고 각 축복마다 최대한 진심을 담아 감사한다.

2. 당신이 살아오면서 저지른 실수 **한 가지**를 택한다.

3. 이 실수로 인해 당신이 감사할 축복 **열 가지**를 모두 찾아 적는다.

4. 다음과 같은 물음이 축복을 찾는 데 도움이 될 것이다. *이 실수에서 무엇을 배웠는가? 이 실수 때문에 생긴 좋은 일은 무엇인가?*

5. 오늘밤 잠자러 가기 직전 한 손에 마법의 돌을 쥐고, 오늘 있었던 *가장 좋은 일*에 대해 *감사합니다*라고 마법의 주문을 건다.

제27일
마법의 거울

> "우리는 감정에 따라 다르게 보이는 사물의 외형에서 마법과 아름다움을 본다. 하지만 사실 마법과 아름다움은 우리 자신 속에 있는 것이다."
>
> *칼릴 지브란* (1883-1931년)
> 시인이자 화가

　당신이 만일 남은 인생 동안 주변 세상을 자신이 원하는 모양에 억지로 두드려 맞추려고 애쓰며, 이 문제가 해결되면 저 문제를 쫓아가서 해결하고, 상황이나 다른 사람에 대해 불평하며 살아가면 결코 완벽한 삶을 살지 못하고 자신의 꿈도 실현하지 못한다. 하지만 감사하는 마음이 지닌 마법을 삶의 방식으로 삼으면 당신을 둘러싼 세상의 모든 것이 마법처럼 달라진다. 정말 꼭 마법처럼. 당신의 세계가 마법처럼 달라지는 것이다. 왜냐하면 당신이 달라졌고, 그 결과 당신이 끌어당기는 것 역시 달라졌기 때문이다.

영감을 주는 간디의 명언들이 그랬듯이 마이클 잭슨의 노래 '맨 인 더 미러(Man in the mirror, 거울 속에 있는 사람-옮긴이)' 가사는 수억 명의 사람에게 영향을 주었는데, 그 속에는 시대를 통틀어 가장 영향력 있는 메시지가 들어 있다.

거울 속에 있는 사람이 달라지면 당신의 세계가 달라질 것이다.

지금까지 26가지 마법의 실천을 그대로 따랐다면 당신은 달라졌을 것이다! 비록 당신 안에서 변화를 확인하기가 힘들 때도 있겠지만 그래도 당신이 느끼는 행복이 달라진 것을 알 것이고, 당신 삶의 상황이 좋아지고 당신 주변 세계에 마법 같은 변화가 일어난 것을 알 것이다.

당신은 가족과 친구를 위해, 일과 돈과 건강을 위해, 당신이 꿈꾸는 소망을 위해, 심지어는 일상 속에서 우연히 만나는 사람을 위해 감사하는 마음이 지닌 마법의 힘을 실천했다. 하지만 다른 누구보다 진정으로 당신의 감사를 받아야 할 사람은 바로 당신이다.

거울 속에 있는 사람에게 감사할 때 불만, 불평, 실망 또는 별로 괜찮지 않다는 생각은 완전히 사라진다. 이와 더불어 당신 삶에서 불만스럽고 마음에 들지 않는 상황도 모두 마법처럼 사라진다.

자신에 대해 느끼는 부정적 감정이야말로 당신 삶에 가장 큰 해를 끼친다. 이는 당신이 다른 사물이나 사람에 대해 갖는 감정보다 훨씬 강력한 힘을 지니기 때문이다. 어디를 가든 무엇을 하든 매 순간 이 부정적인 감정이 당신을 따라다니고, 당신이 손대는 모든 것을 물들이며, 당신이 하는 모든 일에서 마치 자석 같은 작용을 하면서 더욱 많은 불만과 불평과 실망을 끌어당긴다.

*당신인 것*에 감사한다면 앞으로 스스로에 대해 좋게 느끼는 상황만 끌어당길 것이다. 삶의 풍요를 당신에게 불러들이기 위해서는 자신에 대한 좋은 감정으로 당신 스스로가 풍요로워져야 한다. 당신 자신에게 감사하는 마음이 당신을 풍요롭게 만든다!

"무릇 (자기 자신에게) **감사하는 마음**이 있는 자는 받아 넉넉하게 되되, (자기 자신에게) **감사하는 마음**이 없는 자는 그 있는 것도 빼앗기리라."

마법의 거울 실천을 하려면 지금 바로 거울로 가라. 거울 속에 있는 사람을 똑바로 바라보면서 큰 소리로 온 마음을 다해 *감사합니다*라고 마법의 주문을 걸어라. 지금까지 그 어느 때보다 진심으로 감사하면서 마법의 주문을 걸어라. 당신이어서 *감사합니다*라고 말하라! 적어도 지금까지 모든 것과 다른 모든 사람에게 보여주었던 대로 *감사합니다*라고 말하라! 지금 모습 그대로의 당신에게 감사하라!

오늘 하루 남은 시간 동안 거울 속에 있는 아름다운 사람에게 감사하는 마음을 가짐으로써 마법의 거울 실천을 계속 이어간다. 거울 속에 있는 당신 자신을 볼 때마다 *감사합니다*라고 마법의 주문을 걸어라. 큰 소리로 마법의 주문을 말할 상황이 아니라면 마음속으로 마법의 주문을 말해도 좋다. 또한 당신이 정말로 용기 있다면 마법의 거울을 보면서 당신에게 감사하게 여기는 세 가지 일을 말하라.

앞으로 어떤 이유에서든 당신 자신에게 친절하지 않을 때 다른 누구보다 당신의 감사를 받아야 할 한 사람, 바로 거울 속에 있는 사람에게 베푸는 법을 알게 될 것이다!

당신이 스스로에게 감사한다면 실수를 했을 때 자신을 비난하지 않는다. 스스로에게 감사한다면 당신이 완벽하지 못했을 때 스스로를 비판하지 않는다. 당신인 것에 감사한다면 어디에 가서 무엇을 하든 당신 주위에 있는 행복한 사람과 행복한 상황과 마법 같은 일을 끌어당기는 자석이 될 것이다. 거울 속에 있는 그 사람에게서 마법을 볼 수 있을 때 당신의 온 세상이 달라질 것이다!

마법의 실천 제27번

마법의 거울

1. 당신이 누리는 축복을 세어본다. 열 가지 축복 목록을 작성하고, 이 열 가지 축복이 왜 감사한지 *이유*를 쓴다. 목록을 다시 읽으면서 각 축복 내용이 끝날 때마다 *감사합니다, 감사합니다, 감사합니다*라고 말하고 각 축복마다 최대한 진심을 담아 감사한다.

2. 오늘 거울 속에 있는 당신 모습을 볼 때마다 *감사합니다*라고 말한다. 그 어느 때보다 진심으로 감사하면서 말한다.

3. 당신이 정말로 용기 있다면 거울을 보는 동안 당신에게 감사하게 여기는 **세 가지** 일을 말한다.

4. 오늘밤 잠자러 가기 직전 한 손에 마법의 돌을 쥐고, 오늘 있었던 *가장 좋은 일*에 대해 *감사합니다*라고 마법의 주문을 건다.

제28일
마법을 상기하라

"바로 거기에 마법이 있다. 마법이 지금도 여기 우리 주위에, 그저 당신 눈에 보이지 않는 채로 있다는 것을 알아야 한다."

찰스 드 린트(1951년생)
작가이자 켈트 민요 뮤지션

하루하루는 매일 특별하며 어느 하루도 같은 날이 없다. 그날그날 일어나는 좋은 일은 끊임없이 다르며 계속 바뀐다. 그러므로 어제 받은 축복을 세면서 아무리 여러 번 마법을 상기하더라도 이는 매번 다르다. 바로 이런 이유 때문에 마법을 상기하는 실천은 당신 삶에서 감사하는 마음이 지닌 마법을 유지시키는 가장 강력한 힘을 지니며, 계속 진행되는 실천이 될 것이다. 지금 당신이 원하는 것이 무엇이든, 장차 당신이 원하게 될 소망이 무엇이든 이 마법의 실천은 당신의 삶 전체를 위해 가장 강력한 실천이 될 것이다.

어제 받은 축복을 상기하는 가장 쉬운 방법은 어제 눈을 뜨고 하루를 시작하던 때를 떠올린 다음 마음속으로 어제를 돌아보면서 아침, 오후, 저녁, 잠자리에 들 때까지 있었던 주요 일을 떠올리는 것이다. 어제 받은 축복을 떠올리는 일이 힘들지는 않을 것이다. 어제 일을 그저 쭉 훑어보노라면 갖가지 축복이 마음의 표면 위로 가득 차오를 것이다.

다음과 같은 물음으로 이 마법의 실천을 시작해도 좋다.

어제는 무슨 좋은 일이 있었나?

물음을 던질 때마다 당신의 마음은 바로 답을 찾아낼 것이다. 멋진 소식을 들었나? 당신이 소망하던 일 중 하나를 마법처럼 얻었거나 성취했는가? 생각지도 않았던 돈이 마법처럼 생겼나? 특별히 행복했나? 오랫동안 소식을 듣지 못했던 친구에게서 소식을 들었나? 마법처럼 당신에게 좋은 방향으로 술술 잘 풀린 일이 있었나? 멋진 소식을 전하는 전화나 이메일을 받았나? 칭찬을 듣거나 누군가 당신에게 감사를 전했나? 누군가 당신을 도와 문제를 해결해주었나? 누군가에게 도움을 주었나? 프로젝트를 끝마쳤거나 새로운 신나는 일을 시작했는가? 맛있는 음식을 먹거나 멋진 영화를 보았는가? 선물을 받거나, 상황이 해결되거나, 자극이 되는 모임을 가졌거나, 어떤 이와 귀중한 시간을 보냈거나, 멋진 대화를 나누었거나, 당신이 정말로 하고 싶은 일의 계획을 세웠는가?

마법을 상기하고, 어제 받은 축복을 컴퓨터나 감사 일지에 모두 적어라. 어제 받은 축복을 다 떠올렸다고 만족스럽게 느낄 때까지 어제 하루의 일을 더듬어보라. 큰 축복도 있고 작은 축복도 있을 것이다. 중요한 것은 축복의 크기가 아니라 당신이 얼마나 많은 축복을 찾아내는가, 그리고 각 축복에 대해 얼마나 감사하는 마음을 느끼는가 하는 점이다. 각 축복을 떠올리고 적는 동안 그저 감사하는 마음을 느끼면서 그 축복에 대해 마법의 주문을 건다. 감사합니다.

오늘 이후 이 마법의 실천을 하고자 할 때 어떤 날은 축복을 글로 적고, 또 어떤 날은 축복을 떠올리면서 큰 소리로 또는 마음속으로 말하는 등 방법을 바꿔가며 행해도 좋다. 축복을 간단한 목록으로 적어도 좋고, 아니면 당신이 감사하게 여기는 이유를 덧붙여서 상세한 목록으로 적어도 좋다.

어제 일 중에서 축복을 몇 가지 찾아야 하는지 정해진 수는 없다. 매일 매일 다르기 때문이다. 하지만 내가 확실히 말하건대 당신 삶의 하루하루가 축복으로 가득할 것이다. 당신의 눈이 열리고 이 진실이 보일 때 삶의 마법에 마음을 열고, 풍요롭고 멋진 삶을 누릴 것이다.

"무릇 **감사하는 마음**이 있는 자는 받아 넉넉하게 되되, **감사하는 마음**이 없는 자는 그 있는 것도 빼앗기리라."

마법을 상기하라. 마법은 당신을 위해 생겨난 것이다!

마법의 실천 제28번

마법을 상기하라

1. 당신이 누리는 축복을 세어본다. 열 가지 축복 목록을 작성하고, 이 열 가지 축복이 왜 감사한지 *이유*를 쓴다. 목록을 다시 읽으면서 각 축복 내용이 끝날 때마다 *감사합니다, 감사합니다, 감사합니다*라고 말하고 각 축복마다 최대한 진심을 담아 감사한다. 이 책 전체를 통해 이제까지 당신이 적은 축복은 모두 280가지다!

2. 어제 받은 축복을 세면서 마법을 상기하고 이를 적는다. *어제는 무슨 좋은 일이 있었나?* 스스로에게 묻는다. 다 기억해냈다고 만족스럽게 느낄 때까지 어제 하루의 일을 더듬어보고, 어제 받은 축복을 모두 적는다.

3. 각 축복을 떠올리는 동안 마음속으로 그 일에 대해 *감사합니다*라고 마법의 주문을 건다.

4. 오늘 이후에도 목록을 적든, 큰 소리로 말하든, 마음속으로 말하든 이 실천을 행할 수 있다. 어제 일 가운데 감사하게 여기는 일을 간단한 목록으로 만들어도 좋고, 아니면 내용을 덧붙여 상세한 목록을 만들면서 당신이 감사하게 여기는 이유를 말해도 좋다.

5. 오늘밤 잠자러 가기 직전 한 손에 마법의 돌을 쥐고, 오늘 있었던 *가장 좋은 일*에 대해 *감사합니다*라고 마법의 주문을 건다.

마법 같은 미래가
당신 앞에 펼쳐진다

　당신은 자신의 삶을 만들어가는 사람이며, 감사하는 마음은 가장 놀라운 삶을 만들어가는 마법의 도구다. 당신은 지금까지 마법의 실천을 통해 토대를 닦았고, 이제 감사하는 마음을 도구로 하여 당신 삶의 건물을 한 층 한 층 올리고 있다. 당신의 삶은 점점 높아져 마침내 별에 다다를 것이다. 당신이 감사하는 마음으로 도달할 수 있는 높이의 한계는 없으며, 당신이 경험할 수 있는 마법의 끝도 없다. 우주에 있는 별처럼 무한하다!

　"감사하다고 말하는 것은 예의바르고 기분 좋은 것이며, 감사하는 마음을 실천하는 것은 마음이 넓고 고귀한 것이다. 하지만 감사하는 마음으로 살아가는 것은 하늘에 닿는 일이다."

　　　　　　　　　　　　　요하네스 A. 게르트너(1912-1996년)
　　　　　　　　　　　　　　　　교수이자 신학자이자 시인

　여기서 이상적으로 나아가려면 지금까지 쌓아올린 감사의 토대를 유지하고, 감사하는 마음을 더욱 가슴 깊이 느낌으로써 계속 건물을 쌓아올려야 한다. 감사하는 마음을 더 많이 실천할수록 감사하는 마음을 가슴 깊이 더 느낄 수 있으며, 이렇게 감사하는 마음을 가슴 깊이 느낄수록 더 적은 시간으로도 감사하는 마음을 실천할 수 있다. 참고로 한 가지 예를 소개한다.

일주일에 3일 마법을 상기하는 실천을 하거나 이 실천 이외에 당신이 선택한 다른 두 가지 마법의 실천을 조합해서 행하면 현재 감사의 토대를 유지하고, 당신 삶이 점점 좋아지도록 마법을 계속 쌓을 수 있다. 예를 들어 하루는 마법을 상기하는 실천을 하고, 둘째 날에는 마법의 인간관계 실천을, 셋째 날에는 마법의 돈 실천을 행할 수 있다.

일주일에 4일 마법을 상기하는 실천을 하거나, 당신이 선택한 다른 세 가지 마법의 실천을 함께 행하면 감사하는 마음을 유지하면서 *아울러* 마법이 더 빨리 이루어지도록 할 수 있다.

일주일에 5일 마법을 상기하는 실천을 하거나, 당신이 선택한 다른 네 가지 마법의 실천을 함께 행하면 삶의 모든 영역과 상황에서 행복과 마법이 급격하게 늘어난다.

일주일에 6일 또는 7일 마법을 상기하는 실천을 하거나, 당신이 선택한 다른 마법의 실천을 함께 행하면 당신은 진정한 연금술사가 되어 모든 것을 황금으로 바꿀 것이다.

추천할 만한 마법의 실천

행복, 건강, 인간관계, 경력, 돈, 그리고 당신이 소유한 물질적인 것 등 삶의 중요 영역에서 마법을 지속시키려면 일주일에 한 번씩 각 영역에 해당하는 특정한 내용을 실천한다. 하지만 삶의 특정 영역에서 마법이 *늘어나기*를 원한다면 그 영역에 대한 감사의 실천을 늘림으로써 감사하는 마음을 더 많이 보여야 한다. 몸이 좋지 않다면 하루에 여러 번 하지는 않더라도 매일 건강을 위한 마법을 실천하는 것이다.

다음의 추천 방안들은 해당 영역에서 가장 강력하고 신속한 효과가 있는 마법을 실천할 수 있도록 당신을 편안하게 안내할 것이다. 최소한 3주일 동안 관련 영역의 추천 방안에 따라 일주일에 한 번씩 각각 실천한다.

인간관계

마법의 인간관계 -62쪽

모든 이에게 마법의 가루를 뿌려라 - 125쪽

마법처럼 치유되는 인간관계 - 163쪽

마법의 지팡이 - 227쪽
(마법의 지팡이 실천은 사진을 이용하여 당신이 아는 사람에게 행해도 좋고, 아니면 사진 없이 당신이 알지 못하는 사람에게 행해도 좋다.)

마법의 거울 - 249쪽

마법을 상기하라 - 254쪽

건강

마법의 건강 - 72쪽

모든 이에게 마법의 가루를 뿌려라 - 125쪽

마법과 기적이 일어나는 건강 - 171쪽

당신이 숨 쉬는 마법의 공기 - 221쪽

마법의 지팡이 - 227쪽
(마법의 지팡이 실천은 사진을 이용하여 당신이 아는 사람에게 행해도 좋고, 아니면 사진 없이 당신이 알지 못하는 사람에게 행해도 좋다.)

마법을 상기하라 - 254쪽

돈

마법의 돈 - 80쪽

돈 자석 - 114쪽
(전에 돈 자석 실천을 한 번도 하지 않았다면 반드시 적어도 한 번은 모든 단계를 끝까지 행해야 한다. 이 실천을 다시 행하는 경우에는 4단계로 건너뛰어도 된다.)

마법의 수표 - 179쪽

마법의 지팡이 - 227쪽

(마법의 지팡이 실천은 사진을 이용하여 당신이 아는 사람에게 행해도 좋고, 아니면 사진 없이 당신이 알지 못하는 사람에게 행해도 좋다.)

마법의 거울 - 249쪽

마법을 상기하라 - 254쪽

경력

마법의 일 - 87쪽

모든 이에게 마법의 가루를 뿌려라 - 125쪽

마법의 지팡이 - 227쪽

(당신의 경력을 위해 마법의 지팡이 실천을 행할 때, 다른 사람들에게 성공 역시 전할 수 있다. 다른 사람의 성공을 기원하면 당신 삶의 성공도 빨라지게 된다.

마법의 지팡이 실천은 사진을 이용하여 당신이 아는 사람에게 행해도 좋고, 아니면 사진 없이 당신이 알지 못하는 사람에게 행해도 좋다.)

마법의 거울 - 249쪽

마법을 상기하라 - 254쪽

소망

모든 이에게 마법의 가루를 뿌려라 - 125쪽

모든 소망을 실현하라 - 145쪽
(모든 소망을 실현하라는 실천을 전에 한 번도 하지 않았다면 반드시 적어도 한 번은 모든 단계를 끝까지 행해야 한다. 이 실천을 다시 행하는 경우에는 3단계로 건너뛰어도 된다.)

바로 당신 눈앞에서 - 215쪽

마법의 지팡이 - 227쪽
(마법의 지팡이 실천은 사진을 이용하여 당신이 아는 사람에게 행해도 좋고, 아니면 사진 없이 당신이 알지 못하는 사람에게 행해도 좋다.)

마법의 거울 - 249쪽

마법을 상기하라 - 254쪽

마법의 돌

마법의 돌 실천을 일상생활의 한 부분으로 삼아도 좋다. 침대 머리맡에 마법의 돌을 계속 두고서, 잠자기 전에 늘 그날 있었던 가장 좋은 일에 감사하라고 일깨우는 수단으로 삼을 수 있다. 또한 마법의 돌을 주머니에 넣고 다니면서 이 돌을 만질 때마다 당신이 감사하게 여길 무언가를 찾도록 일깨우는 수단으로 이용해도 좋다.

마법의 가루

 모든 이에게 마법의 가루를 뿌리는 실천을 일상생활의 한 부분으로 삼아도 좋다. 당신에게 도움을 준 사람에게 마법의 가루를 뿌리는 것 말고도 여러 가지 방법으로 이 실천을 계속할 수 있다. 모든 사람, 모든 것에 이 마법의 가루를 뿌릴 수 있다! 직장 상사의 기분이 다소 언짢아 보일 때 몰래 그에게 마법의 가루를 뿌려도 좋다. 가족이나 사랑하는 사람이 기분 나쁜 상태일 때 이 마법의 가루를 뿌려도 좋다. 아니면 당신이 우연히 만난 사람 중 삶에 마법이 필요한 사람이 있을 때에도 이 마법의 가루를 뿌릴 수 있다. 당신이 어디를 가든 그곳에 마법을 일으킬 수 있고 아기나 어린이들에게 마법의 가루를 뿌릴 수도 있으며 당신이 키우는 식물이나 정원, 당신이 먹는 음식이나 음료수, 메일을 열어보기 전 컴퓨터나 편지에, 지갑에, 자동차에, 전화를 걸거나 받기 전 전화기에, 그 밖에 당신이 원하는 어느 상황에서도 이 마법의 가루를 뿌릴 수 있다. 마법의 가루를 응용하는 방법은 당신의 상상력이 미치는 범위 안에서는 끝이 없다!

마법에는 끝이 없다

나는 일상에서 매일 감사를 실천한다. 어떤 식으로든 매일 감사하는 마음을 실천하지 않고 며칠, 몇 달, 몇 년을 살 수 있다는 사실이 이제는 내게 전혀 믿기지 않는다. 감사하는 마음은 내 성격으로 굳어졌고 내 몸의 세포 속에 배어 있으며 무의식의 한 형태로 자리 잡았다.

하지만 사느라고 바빠서 일정 기간 동안 감사하는 마음을 실천하는 것을 잊고 지낸다면 마법은 증발해버릴 것이다. 나의 경우에는 감사하는 마음을 충분히 실천하고 있는지, 아니면 더 많이 실천해야 하는지 알려주는 지침으로 내 삶 속에 마법이 얼마나 있는지 살펴본다. 내 삶을 찬찬히 살핀 뒤 예전만큼 행복을 느끼지 못한다고 생각되면 감사하는 마음을 더 많이 실천한다. 내 삶의 특정 영역에서 몇 가지 사소한 문제가 생기기 시작하면 즉시 그 영역에 해당하는 마법의 실천을 늘린다.

나는 더 이상 거짓된 겉모습에 속지 않는다. 그 대신 모든 상황마다 감사할 만한 일이 있을 것이라고 *믿으면서* 좋은 일을 찾아본다. 그러고 나면 원치 않았던 일이 마법처럼 펑 하는 연기와 함께 사라진다!

"나는 작은 일에 감사하기 시작했고, 더 많이 감사할수록 내게 주어지는 포상금이 늘었다. 뭔가에 마음을 모을수록 그것이 커지기 때문이다. 삶에서 좋은 일에 마음을 모으면 좋은 일이 더 많이 생긴다. 내 삶에 무슨 일이 일어나든 감사하는 법을 배우자 기회, 인간관계, 심지어는 돈도 내게로 왔다."

오프라 윈프리(1954년생)
유명 방송인이자 사업가

감사하는 마음을 실천할 때 당신은 한 치도 어긋남이 없는 우주의 법칙을 이용한다. 이 법칙은 우주가 당신에게 주는 선물이며, 이를 이용하여 삶을 향상시키라고 존재한다.

우주와 당신

감사하는 마음을 가질 때 당신은 삶에 *무한한 풍요*를 안겨주는 단계까지 도달할 수 있다. 우주와의 관계, 또는 당신이 원한다면 성령이나 신과의 관계를 통해 이 단계에 도달할 수 있다.

당신은 우주가 당신과 별개의 것이라고 생각하며, 우주를 생각할 때 당신 위에 있는 하늘을 바라본다. 우주는 분명 당신 위에 있기도 하지만, 당신 아래에도 있고 당신 뒤에, 당신 옆에도 있으며 모든 사물 하나하나, 모든 사람 한 명 한 명 속에도 있다. 즉 당신 안에 우주가 있는 것이다.

"아래에서와 같이 위에서도. 그리고 위에서와 같이 아래에서도. 이 사실을 알 때에만 비로소 기적을 일으킬 수 있다."

에메랄드 서판(기원전 5000-3000년경)

당신 안에 우주가 있으며 원래부터 우주는 당신을 *위해* 존재했다. 이 우주는 당신이 풍부한 삶, 활기찬 건강, 많은 사랑, 눈부신 아름다움 등 원하는 모든 것을 *더 많이* 누리기를 원하고 있다. 이런 사실을 이해한다면, 삶에서 누리는 *모든 것*에 대해 진심으로 우주에 감사할 것이다. 또한 당신은 우주와 직접적인 관계를 맺으려고 할 것이다.

당신이 누리는 모든 것에 대해 우주에 더욱 진심으로 감사하는 마음을 느낄수록 우주와 당신의 관계는 가까워질 것이다. 이렇게 될 때 감사하는 마음이 지닌 마법으로부터 *무한한* 풍요를 얻는 단계에 도달할 수 있다.

감사하는 마음이 지닌 마법에 당신의 온 마음과 정신을 열면, 이 마법의 힘을 지니고 사람들을 만나 모든 사람의 삶에 그 마법을 닿게 할 수 있을 것이다. 당신은 우주와 친구가 될 것이며, 무한한 축복이 당신을 거쳐 지상에 내려올 것이다. 당신이 우주와 가깝게 이어질 때, 그리고 당신 안에 있는 우주가 얼마나 가까이 있는지 느끼게 될 때 그 순간부터 세상은 당신 것이 될 것이다. 당신은 뭐든 될 수 있고, 가질 수 있고, 할 수 있을 것이다!

감사하는 마음이 해답이다

감사하는 마음은 사이가 틀어지거나 깨진 관계를 해결하는 치료책이며 건강이나 돈 문제, 불행을 해결하는 치료책이다. 감사하는 마음은 두려움, 걱정, 슬픔, 우울을 없애고 행복, 맑음, 인내, 친절, 연민, 이해, 마음의 평화를 안겨준다. 감사하는 마음은 문젯거리에 대한 해결책을 찾아주고 당신의 꿈을 이룰 기회와 수단을 가져다준다.

모든 성공 뒤에는 감사하는 마음이 있으며, 위대한 과학자 뉴턴과 아인슈타인이 증명했듯이 감사하는 마음은 새로운 생각과 발견으로 이어지는 문을 열어준다. 모든 과학자가 이들 두 사람의 뒤를 따른다고 생각해보라. 세상은 새로운 차원의 이해와 성장과 발전의 영역으로 나아갈 것이다. 지금의 한계는 깨질 것이고 삶을 바꾸는 여러 발견이 과학 기술, 물리학, 의학, 심리학, 천문학, 그 밖에 모든 과학 분야에서 이루어질 것이다.

학교에서 감사하는 마음을 필수 과목으로 배운다면 새로운 세대의 아이들이 놀라운 성과와 발견으로 우리 문명을 발전시키고, 의견충돌을 불식시키며 전쟁을 끝내고 세계에 평화를 가져올 것이다.

지도자와 국민이 감사하는 마음을 가장 많이 가진 나라가 장차 세계를 이끌 것이다. 국민 전체가 감사하는 마음을 지니면 국가가 번영하고 부유해지며, 질병이 급격히 감소하고 거래와 생산이 확대되며 행복과 평화가 온 국가를 덮을 것이다. 가난은 사라지고, 배고픈 사람이 한 사람도 없을 것이다. 감사하는 나라에서는 그런 일이 일어나도록 놔두지 않기 때문이다.

감사하는 마음에 마법의 힘이 있다는 것을 아는 사람이 늘어날수록 마법의 힘이 더 빨리 온 세상을 뒤덮고 감사의 혁명을 일으킬 것이다.

마법을 늘 당신 곁에

당신이 어디를 가든 늘 감사하는 마음을 지녀라. 당신의 열정, 만남, 행동, 삶의 상황에 속속들이 감사하는 마음이 지닌 마법이 배어들게 하여 당신이 꿈꾸는 모든 것을 이뤄라. 앞으로 살다보면 당신이 어찌할 수 없을 것 같은 힘든 상황이 오기도 할 것이다. 이런 상황에 놓여 어찌해야 할지 알 수 없다면 걱정이나 두려움을 접어놓고 대신 감사하는 마음에 들어 있는 마법의 힘에 의지하고 당신 삶에서 누리는 *다른 모든 것*에 감사하라. 당신 삶에서 누리는 좋은 일에 의식적으로 감사할 때 힘든 상황의 주변 일들이 마법처럼 달라질 것이다.

> *"우리는 그(사람)에게 길을 보여주었다. 그가 감사할 것인가 감사하지 않을 것인가(선택은 그의 의지에 달렸다)."*
>
> *코란*(인간 76장 3절)

*감사합니다*라고 마법의 주문을 걸어라. 마법의 주문을 큰 소리로 말하고, 지붕 위에 올라가 마법의 주문을 외치고, 마음속으로 마법의 주문을 속삭이고, 머릿속에서 마법의 주문을 걸고, 가슴으로 마법의 주문을 느껴라. 그리고 오늘 이 순간부터 어디를 가든 늘 감사하는 마음과 그 안에 있는 마법의 힘을 지니고 다녀라.

풍요와 행복으로 가득 찬 마법 같은 삶을 누리고자 한다면 해답은 당신 입술 위에, 당신 마음속에 있다. 해답은 모든 준비를 마친 채 언제든지 당신이 *마법*을 일으켜주기를 기다리고 있다!

Rhonda Byrne

론다 번

론다 번은 영화 〈시크릿〉으로 자신의 여정을 시작했으며, 전 세계 수백만 명의 사람이 이 영화를 보았다. 뒤이어 『시크릿』 책을 내놓았고, 이 책은 세계적인 베스트셀러가 되어 47개 언어로 번역되고 2,000만 부 이상이 팔렸다.

『시크릿』은 190주 동안 「뉴욕타임스」 베스트셀러에 올랐으며 최근 「USA 투데이」에서 선정한 지난 15년간 가장 많이 팔린 베스트셀러 20위 목록에 들었다.

론다 번은 이어서 2010년 획기적인 책 『파워』를 내놓았고, 이 책 역시 「뉴욕타임스」 베스트셀러에 올랐으며 전 세계 43개 언어로 번역되었다.

매직

펴낸날	초판 1쇄	2012년 10월 19일
	초판 28쇄	2022년 11월 18일

지은이	론다 번
옮긴이	하윤숙
펴낸이	심만수
펴낸곳	(주)살림출판사
출판등록	1989년 11월 1일 제9-210호

주소	경기도 파주시 광인사길 30
전화	031-955-1350　팩스 031-624-1356
홈페이지	http://www.sallimbooks.com
이메일	book@sallimbooks.com

ISBN 978-89-522-1933-6 03320

※ 값은 뒤표지에 있습니다.
※ 잘못 만들어진 책은 구입하신 서점에서 바꾸어 드립니다.